AF359226

Nº 489. — THÉATRE : nº 259.

2 Août 1930.

LA PETITE ILLUSTRATION

Revue hebdomadaire

publiant les pièces nouvelles jouées dans les théâtres de Paris,
des romans inédits, des poèmes, des critiques littéraires et dramatiques,
des variétés cinématographiques et des études touristiques.

1782 TH. NATIONAL DE L'ODEON 1930
SECOND THÉATRE FRANÇAIS

MARDI 1ᵉʳ AVRIL 1930

Bureaux : **19 h. 45** SOIRÉE Rideau : **20 h. 30**

Abonnement Moderne - Série Violette

L'ÉCOLE DES CHARLATANS

Comédie en 4 actes de MM Tristan BERNARD et Albert CENTURIER
Décors nouveaux de M. Claude FRANC-NOHAIN

Distribution par ordre d'entrée en scène :

MM. **FRANCŒUR**, Georges - **FABRY**, Bonnemy - **HARRY-JAMES**, M. Glandier
Charles **LAVIALLE**, le Facteur - Pierre **MORIN**, le Diabétique
CAILLOUX, le garçon - Fred **DAVY**, Sollard
BACONNET, M. Destremieux - Le Petit **BUCHSTAB**, le petit garçon
Mᵐᵉˢ Blanche **DARS**, Séraphine - **GHYSLAINE**, Hélène
Renée **BOURGEON**, Mᵐᵉ d'Avully - Lucy **LAUGIER**, Mᵐᵉ Sartelli
GINEVA, Mᵐᵉ Merminod - Paulette **MARINIER**, Fernande
Suzanne **COURTAL**, Mᵐᵉ de la Joux - Eva **REYNAL**, l'Infirmière
Henriette **MORET**, l'Ouvrière - Louise **GIRON**, Mᵐᵉ Destremieux
Élèves du Conservatoire : M. **BONIFAS**, Bergeot - Mᵐᵉˢ Simone **VIOVY**, Mᵐᵉ de Burneri

Orchestre — Loge — Balcon — Baignoire, **20** francs
On loue par Téléphone (Ligne 06-73)

Première Galerie, **12** fr. — Parterre, **6** fr. — Deuxième Galerie, **4** fr. — Troisième Galerie, **2** fr.
(Droits et Timbre en sus)

Location huit jours d'avance de 11 heures à 19 heures

Aucun numéro de La Petite Illustration ne doit être vendu sans le numéro de L'Illustration portant la même date.

ABONNEMENT ANNUEL

L'Illustration et La Petite Illustration réunies : France et Colonies, 175 francs.
Étranger, tarifs énoncés en monnaies nationales ou usuelles et basés sur l'affranchissement variant suivant les pays destinataires :
consulter la page 2 de la couverture de *L'Illustration.*

———— o ————

13, RUE SAINT-GEORGES, PARIS (9ᵉ)

En haut, Bonamy : « *Eh bien, que dites-vous de ma surprise ?* » — ACTE PREMIER, page 6.

En bas. M. Glandier (il scrute attentivement l'horizon et souffle deux ou trois fois vers le ciel) :
« *On ne voit pas encore son haleine. La température n'est pas en dessous de dix-huit degrés.* » ACTE II, page 7.

Photographies Henri Manuel.

TRISTAN BERNARD ET ALBERT CENTURIER

L'ÉCOLE DES CHARLATANS

PIÈCE EN QUATRE ACTES

L'Ecole des charlatans a été représentée pour la première fois, le 1ᵉʳ avril 1930, au théâtre national de l'Odéon.

PERSONNAGES

Le Dr Georges Groux.. MM. Francœur.
M. Reumuy, oncle d'Hélène Groux.............................. Fabry.
M. Chardier.. Harry-James.
M. Destrémieux... Baconnet.
Le Facteur... Lavialle.
Le Diabétique... Morin.
M. Sallard... Davy.
M. Bergeot.. Bonifas.
Un Garçon... Cailloux.
Un Petit Garçon.. Buchstab.

Hélène Groux... Mmes Ghyslaine.
Séraphine, sa bonne... Blanche Dars.
La Mère du petit garçon.. Henriette Moret.
Une Infirmière.. Eva Reynal.
Mme Destrémieux.. Louise Giron.
Mme d'Avully... Renée Bourgeon.
Mme Sartelli.. Lucy Laugier.
Mme Merminod... Gineva.
Mme de La Joux.. Suzanne Courtal.
Mlle de Borneni.. Simone Viovy.
Fernande... Paulette Marinier.

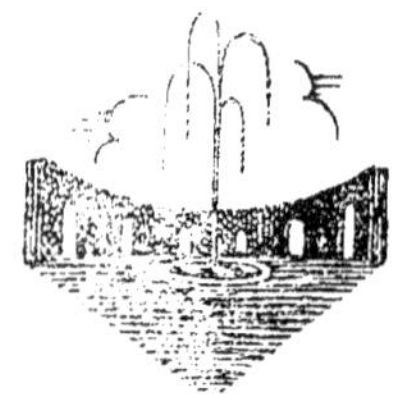

L'ÉCOLE DES CHARLATANS

ACTE PREMIER

La scène représente un petit intérieur très mo deste dans une petite maison de la banlieue.

Au lever du rideau, Séraphine est en train de mettre le couvert.

SÉRAPHINE, chantant en mettant le couvert. — Ah ! nom d'un chien, nom d'un chien, nom d'un chien ! J'attrap'rai jamais la barrière, ah ! nom d'un chien ! nom d'un chien ! Qu'est-c' qu'on dira du pèr' Julien !

Elle dit encore deux fois ce refrain. Entre Hélène...

HÉLÈNE. — Je t'en prie, Séraphine, va surveiller ton rôti.

SÉRAPHINE. — Madame, voyons! Est-ce que je peux laisser Madame mettre le couvert? C'est une abomination! Quel métier pour la dame d'un docteur médecin!

HÉLÈNE. — Allons! allons! pas de réflexions!

SÉRAPHINE. — Il est vrai que notre monsieur fait un boulot encore plus pénible ! Quelle drôle d'idée pour un monsieur médecin, savant, et travailleur par-dessus le marché, de venir s'installer dans un patelin de la banlieue, à côté d'un lotissement ce qui s'appelle. où il ne faut même pas parler des rues, qui ne sont que des rivières de boue.

HÉLÈNE. — Nous ne pouvions pas choisir. Il fallait s'installer quelque part. Nous avons été bien heureux de trouver ce pays, qui était pour ainsi dire de création nouvelle et où il n'y avait encore aucun docteur.

SÉRAPHINE. — Moi, je n'ai pas voix au chapitre et je ne me permetrai jamais de donner mon avis. Mais je dis et je maintiens qu'il vaudrait mieux ne rien faire du tout que ce travail-là. Est-ce que Madame ne sait pas que cette population paie très mal et qu'il faudrait plutôt être une sage femme qu'un docteur pour les faire accoucher de leur argent ?

HÉLÈNE. — Evidemment, c'est une clientèle qui ne rapporte guère.

SÉRAPHINE. — Pour ainsi dire rien. J'entends bien le docteur faire ses comptes.

HÉLÈNE. — Mais on ne pouvait penser que mon mari, tout de suite après son internat, trouverait la situation rêvée. C'eût été vraiment trop beau.

SÉRAPHINE. — Et comme ceci, c'est vraiment trop laid. D'ailleurs, il n'y aura qu'à parler de ça à M. Bonamy, l'oncle de Madame, puisqu'il s'est annoncé pour le déjeuner. Mais je suis bien tranquille : Madame ne lui en dira rien.

HÉLÈNE. — Certainement que je ne lui en dirai rien.

SÉRAPHINE. — J'en suis sûre. Suffit que M. Bonamy, pour le mariage de Madame, a toujours été contre. Ça a fait assez de disputes avec les parents de Madame. Moi, n'est-ce pas, je suis la bonne. J'ai beau avoir vu naître Madame. Ma règle et mon habitude, c'est de ne me mêler de rien.

HÉLÈNE, souriant. — Je vois.

SÉRAPHINE. — Seulement, ni Dieu ni diable ne pouvaient empêcher Madame d'en faire à sa tête, suffit que M. le docteur est bien aimable, et que c'est un sujet, un as, comme ils disent. Moi, ça ne me regarde pas, et je n'ai aucune observation à présenter. Mon idée, c'est que Madame aurait pu marier un jeune homme un peu moins as, mais plus capable de faire bouillir la marmite.

HÉLÈNE. — Séraphine, écoute, tu es embêtante à la fin! Je ne veux pas que tu parles de Monsieur sur ce ton.

SÉRAPHINE. — Madame ne va tout de même pas me donner mes huit jours?

HÉLÈNE. — Je te donnerais huit jours que tu ne t'en irais pas. Alors, je te préviendrai huit ans à l'avance.

SÉRAPHINE. — Il me faudrait bien ça pour trouver une autre place. (Souriant.) Si je reste ici, ce n'est pas par attachement, c'est que je ne saurais où aller... Dites donc, Madame, qu'est-ce qu'il veut, M. Bonamy? Pendant des mois, on ne sait pas ce qu'il devient. Et puis il vous tombe dessus comme le tonnerre.

HÉLÈNE. — Je ne sais pas non plus ce qui lui prend.

SÉRAPHINE. — C'est-il du bon ou du mauvais?

HÉLÈNE. — On verra. On verra aussi autre chose : on verra un rôti brûlé.

SÉRAPHINE. — Y a pas de danger. J'y vais tout

de même. D'autant que j'entends Monsieur rentrer.
J'ai plus besoin de tenir compagnie à Madame. A
tout à l'heure. Si Madame a besoin de moi !

Hélène. — Pour causer ?

Séraphine. — Que Madame m'appelle, parce que
la sonnette de la cuisine ne marche pas... (Sur le seuil
de la porte.) Je l'aime bien tout de même ! (Elle sort.)

Georges, entrant. Après avoir embrassé Hélène. — Tu
souris, mon Hélène?

Hélène. — Oui, je viens de recevoir une déclaration. On m'a dit qu'on m'aimait.

Georges. — Qui ça? Ce pays ne regorge pas de
soupirants dignes de toi.

Hélène. — Séraphine. Elle m'a dit qu'elle m'aimait
tout de même, après s'être répandue en récriminations sur notre existence.

Georges. — Elle a raison, Séraphine. De t'aimer
d'abord. Et puis de récriminer. Quel pays! Je viens
d'aller à trois kilomètres d'ici chez une bonne femme
dont le gosse était malade. Elle était affolée. J'examine l'enfant. Il n'avait rien qu'une petite poussée
de fièvre. Alors j'ai senti très nettement que son
angoisse faisait place au regret, au regret cuisant
d'avoir fait venir le médecin pour rien.

Hélène. — C'étaient de pauvres gens?

Georges. — Mais non. Il suffisait de jeter un
coup d'œil autour de soi pour se rendre compte
qu'il y avait de quoi dans la maison. Elle ne me
parlait toujours pas de me payer ma visite. J'ai
fini par lui demander... pas grand'chose. Elle a eu
une crispation douloureuse du visage et m'a dit :
« Est-ce que ça ne vous ferait rien, puisque l'enfant
n'est pas malade, de vous contenter de la moitié? »
Je lui ai répondu : « Ne me donnez rien! » Et je
suis parti. Je n'ai même pas eu la satisfaction de
lui faire sentir son âpreté, car elle a dû certainement se dire : « Oui, il a essayé de me tirer un
peu d'argent qu'il n'avait pas gagné, et, comme
ça n'a pas pris, il a été vexé. »

Hélène. — C'est effrayant de tomber sur des gens
pareils!

Georges. — Ce n'est pas le hasard, crois-moi. On
en trouve des quantités de ce calibre-là. Evidemment, je fais ici un métier dur et qui rapporte peu.
Mais ce n'est pas là la pire tristesse.

Hélène. — Bien sûr. On s'arrange. On finit toujours par s'en tirer. Ce qui me peine, c'est que tu
perdes ton temps à un métier que le premier médecin
venu pourrait faire à ta place.

Georges. — Je pense qu'il n'y a aucun orgueil
de ma part à me dire que je pourrais faire mieux
que ça et rendre plus de services à mes semblables.
Ici, je ne vois rien. Dans les hôpitaux, au moins,
je voyais des cas !

Hélène. — Mon pauvre Georges, c'est moi qui
pèse sur ta vie. Si tu n'avais pas la charge d'un
ménage, tu aurais pu continuer librement ta carrière
scientifique.

Georges. — Tu dis des bêtises. Sans toi, je ne
vaudrais rien.

Hélène. — Oui, tu dis ça.

Georges. — Je dis ça, parce que c'est ça. (Il
l'embrasse. Au bout d'un instant.) Mais qu'est-ce que nous
veut ce matin le sieur Bonamy, ton oncle? Il tient
probablement à constater que mes affaires ne vont
pas — afin de pouvoir ensuite répéter à tes parents :
« Qu'est-ce que je vous avais dit? »

Hélène. — Comme tu es ombrageux!

Georges. — Tu sais parfaitement que j'ai raison.

L'oncle Bonamy s'est institué le conseil, l'oracle de
ta famille. Il ne te pardonne pas d'avoir désobéi
à l'oracle. En tout cas, mon petit, je tiens à le voir
le moins possible. Je peux difficilement me dispenser
de déjeuner avec lui, puisqu'il s'invite chez moi. Mais
jusqu'à l'heure de se mettre à table je serai cloîtré
dans ma chambre, pour un travail acharné. En fait,
je vais dormir un peu, parce qu'on m'a fait lever
ce matin de très bonne heure.

Hélène. — Et parce que tu t'es couché cette
nuit très tard, après avoir vraiment travaillé.

Georges. — Oui, à lire le travail d'un confrère
qui, vraiment, lui, a un beau champ d'expériences.
Moi, je suis exilé dans la théorie, dans l'abstraction,
alors que j'aurais tant besoin d'être en contact avec
la vie... Mais je crois qu'une auto s'est arrêtée devant
la maison.

Hélène, à la fenêtre. — C'est lui.

Georges. — Alors, je te laisse avec cet indésirable.

Hélène. — Méchant!

Georges. — J'offense tes sentiments de famille?

Hélène. — Gravement. Mais je te pardonne instantanément.

Georges. — A tout à l'heure, petit.

Il entre à gauche. Hélène se dirige vers le fond, à la
rencontre de Bonamy qui entre l'instant d'après.

Bonamy. — Bonjour, ma chérie!

Hélène. — Bonjour, mon oncle.

Ils s'embrassent.

Bonamy. — Ton mari n'est pas rentré?

Hélène. — Si. Mais il te prie de l'excuser un
instant. Il avait un travail urgent à terminer.

Bonamy. — Dis donc! Il paraît que c'est un
homme épatant, ton mari?

Hélène. — Tu ne le savais pas, mon oncle?

Bonamy. — Si... si... Je m'en doutais. Mais je
viens d'avoir sur lui un testimonial de première
valeur. Je m'assieds.

Hélène. — Je te demande pardon.

Bonamy. — Oh! tu penses! quelle faute! Tu
oubliais de dire à ton oncle de s'asseoir! (Elle s'assoit
aussi.) Figure-toi que, avant-hier soir, ce n'est pas
vieux, j'assistais au banquet des anciens élèves du
lycée d'Orléans. Il y avait là des personnages considérables, dont le professeur Grisois. Tu as entendu
parler du professeur Grisois?

Hélène. — Je te crois. Le grand spécialiste du
poumon.

Bonamy. — Je ne savais pas exactement quelle
était sa spécialité. Mais je savais que c'était un grand
docteur. Je lui ai été présenté. Je n'ai pas manqué
de lui dire que j'avais pour neveu un docteur. Il
m'a demandé son nom. « Oh! docteur, vous ne le
connaissez pas... Il s'appelle Georges Groux. — Comment, je ne le connais pas! Mais c'est un espoir
de la médecine moderne!... » Voilà, ma chérie, l'opinion que le professeur Grisois a de ton mari.

Hélène. — Je ne le savais pas. J'en suis très heureuse. Mais ça ne m'étonne en aucune façon.

Bonamy. — Je t'avoue que j'ai été très impressionné. Que veux-tu? Tes parents m'avaient dit
beaucoup de bien de Georges. Mais tes parents vivent
dans leur petit coin et ce ne sont pas à la page. Ils
n'ont aucun renseignement sur la cote réelle des individus. Moi, je devrais être mieux informé qu'eux.
Mais je ne fréquentais pas spécialement le monde
médical. J'étais au courant des grands noms, déjà
consacrés. Les révélations nouvelles, j'étais excusable
de ne pas les connaître encore... J'ai donc eu avant-

hier cette conversation avec le professeur Grisois. Ça tombait bien... Mais, pour ce que j'ai à dire ensuite, je vais attendre ton mari.

Hélène. — De quoi s'agit-il?

Bonamy. — D'une surprise.

Hélène. — Tu ne peux pas m'en dire quelques mots?

Bonamy. — Pas un seul. Tant pis pour ta curiosité.

Hélène. — Eh bien, je vais appeler Georges.

Bonamy. — Mais il travaille!

Hélène, se dirigeant vers la porte. — Il a assez travaillé.

Bonamy. — Je vais jusque devant la porte. Mon chauffeur attend des ordres.

Hélène. — On peut envoyer la bonne.

Bonamy. — Non. Je vais lui parler. Il faut qu'il retourne à Paris déjeuner.

Hélène. — Il peut déjeuner ici.

Bonamy. — Non, non, j'ai une course à lui donner. Il reviendra me reprendre à 2 heures. (Il sort.)

Hélène, allant à la porte de gauche. — Georges! Eh bien, tu ne dormais pas?

Georges. — Non, je n'ai pas pu dormir. J'étais un peu énervé. Eh bien, où est-il?

Hélène. — Il est allé parler à son chauffeur... Tiens-toi bien, mon Georges! Tu vas voir un oncle Bonamy complètement transformé. Il ne jure que par toi, maintenant!

Georges. — Qu'est-ce que tu me dis là?

Hélène. — Il a rencontré le professeur Grisois qui lui a fait de toi un grand éloge.

Georges. — Ah! c'est ça!

Hélène. — Alors, je ne sais pas... Il a quelque chose à te proposer. C'est une surprise.

Georges. — Oh! Je ne suis pas tranquille! Une surprise de l'oncle Bonamy!

Hélène. — Tu sais qu'il est dans de nombreuses affaires. Il est ingénieur.

Georges. — Il s'intitule ingénieur. Il n'a fait aucune étude spéciale.

Hélène. — Enfin, c'est un très honnête homme.

Georges. — Je le crois. Mais je me demande ce qu'il peut avoir à me proposer. Un poste de médecin dans une usine?

Hélène. — C'est possible.

Georges. — Peut-être veut-il me faire fabriquer des produits pharmaceutiques ou un sérum pour les petits chiens malades!

Hélène. — Tu es aussi intrigué que moi.

Georges. — Mais non. Je suis sûr que ça ne m'intéressera pas.

Hélène. — Le voici qui remonte.

Silence.

Bonamy. — Ah! voilà ce grand travailleur!

Georges. — Bonjour, monsieur Bonamy.

Bonamy. — Bonjour, mon oncle, qu'il faut dire. Il va déposer sur un meuble des papiers qu'il tenait à la main.

Georges, bas à Hélène. — « Mon oncle »! Y a du bon!

Bonamy. — Je vous montrerai tout à l'heure ces papiers. Pour le moment, parlons de la surprise. Mais on va se mettre à table.

Hélène. — Oh! j'ai peur que Séraphine ne soit pas encore prête.

Bonamy. — Tant mieux! Je n'ai pas encore faim. Asseyons-nous tous les trois.

Ils s'assoient, Bonamy au milieu.

Georges. — C'est impressionnant.

Bonamy. — Mais oui, mon ami, c'est impressionnant! Vous verrez qu'il y a de quoi vous impressionner.

Hélène. — Nous verrons, nous verrons... Mais nous avons hâte de voir.

Bonamy. — Tu mériterais que je te fasse languir encore... Mais voici. Tu sais, Hélène, vous savez peut-être, Georges, que je fais partie du conseil d'administration d'une station médicale, à Saint-Hubert-en-Genevois... C'est en France, pas en Suisse. Saint-Hubert-en-Genevois est, comme Saint-Julien, dans l'ancien pays du Genevois. Mais vous avez entendu parler de cette station?

Georges. — Oui, oui. Elle est récente, déjà très connue.

Bonamy. — Vous savez quel était le médecin qui la dirigeait? Le Dr Balma.

Georges. — Je le connais de nom.

Bonamy. — Un homme de grande valeur. (Georges ne dit rien.) Il a quitté la maison de santé pour aller dans une propriété qu'il a en Espagne. On vous en a dit beaucoup de bien?

Georges. — On ne m'a parlé de lui ni en bien ni en mal. Il faut vous dire qu'il dirigeait une station médicale fréquentée par des gens très chic. Or, je n'ai rencontré de ces gens-là, ni aux hôpitaux, ni dans ma clientèle d'ici!

Bonamy. — Il avait une réputation énorme parmi les Américains du Sud. Il y a là-bas, à Saint-Hubert, des gens tout à fait riches et titrés, un des plus beaux palaces modernes et un casino où l'on joue, ma foi, un jeu assez gros. Les parents des malades, qui se sont occupés d'eux toute la journée, ne sont pas fâchés de se distraire, le soir, en faisant leur petite partie.

Georges. — Ce qu'on soigne là-bas, ce sont des dyspeptiques?

Bonamy. — Oui, les nerfs et l'estomac, le système osseux. Les bronches aussi un peu. Nous ne pouvons pas dire que l'on soigne toutes les maladies. Car il vaut mieux, pour attirer la clientèle, avoir une spécialité. Nous nous sommes arrangés pour avoir un grand nombre de spécialités.

Georges, après un silence. — Oui... Je crois que, comme champ d'études, c'est intéressant.

Bonamy. — Il pense à ses études.

Hélène. — Eh bien, oui, que veux-tu? Ici, il n'est pas très favorisé.

Bonamy. — Oui, je comprends. Il n'y a que des maladies banales. Là-bas, il verra des cas extraordinaires et des gens de toutes les races, qui arrivent de tous les points du globe. Voilà déjà pour le point de vue qui l'intéresse. J'arrive au côté matériel de l'affaire, qui a aussi son petit intérêt. Nous avions, hier, une réunion du conseil d'administration. J'ai mis en avant le nom de Georges. Je leur ai dit où il fallait se renseigner. Le professeur Grisois leur répétera ce qu'il m'a dit à moi-même. Le Dr Balma était d'un certain âge. Nous ne serons pas fâchés d'avoir un docteur plus jeune. C'est l'avis du directeur du casino. Il a dit fort justement que si un vieux docteur plaît quelquefois davantage aux jeunes malades, un jeune homme agit mieux sur le moral des dames âgées. Or, nous avons à Saint-Hubert beaucoup de dames âgées, et riches.

Hélène. — Hé! hé! Georges! Fais attention!

Bonamy. — D'autre part, un jeune médecin, pour

tous les malades, **incarne mieux la** science moderne. C'est surtout en médecine que la clientèle s'affole pour ce qui est nouveau... J'aurai la réponse demain. Elle sera certainement favorable. Dès la semaine prochaine, il faudra vous installer là-bas. Je ne prononce pas encore de chiffres. Déjà, pour commencer, ça sera... mieux que convenable. Eh bien, que dites-vous de ma surprise?

GEORGES. — Mais, mon oncle, elle est très belle. Et je vous en remercie du fond du cœur!

HÉLÈNE, l'embrassant. — Merci, mon oncle.

BONAMY, allant embrasser Georges. — On s'embrasse aussi! Et c'est moi qui suis fier d'embrasser un si grand médecin! (Il **va à la porte de droite.)** Séraphine, vous servirez quand vous voudrez. Mais, en attendant, apportez une autre surprise.

Séraphine entre avec un seau à glace et deux bouteilles de champagne.

HÉLÈNE. — Oh! mon oncle!

BONAMY. — Ah ! moi, vous savez, je pense à tout !

RIDEAU

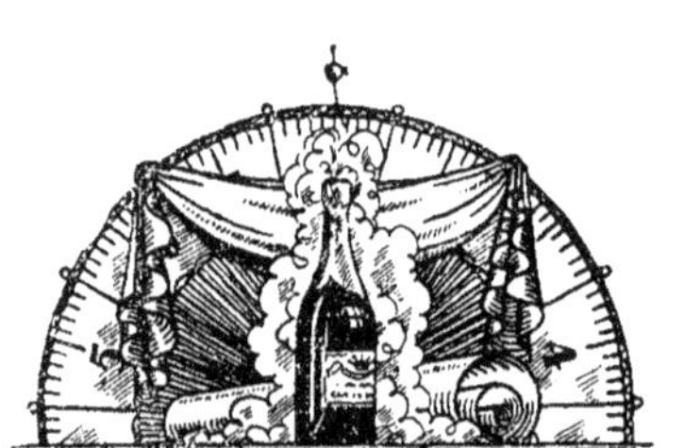

ACTE II

La terrasse de la maison de santé de Saint-Hubert-en-Genevois. Il est 5 heures,
l'après-midi d'une merveilleuse journée de juin. L'atmosphère est d'une douceur exquise et d'une tranquillité absolue.
Aucune feuille ne bouge. Au fond, le lac Léman.

Les musiciens, dans le jardin, jouent avec sentiment et une discrétion parfaite le *Clair de lune* de Debussy. Au lever du rideau, plusieurs malades sont allongées dans des chaises longues. Elles n'écoutent pas la musique et ne regardent pas le paysage auquel, du reste, la plupart tournent le dos.

Mme D'AVULLY, vingt-cinq à trente ans, à Mme Sartelli, même âge. — Vous entendez, madame Sartelli?

Mme SARTELLI. — La musique?

Mme D'AVULLY. — Non, ces bruits dans mon estomac!

Mme SARTELLI. — J'ai assez à faire d'entendre le bruit que fait le mien, un clapotement depuis ce matin!

Mme D'AVULLY. — Oui, mais, chez vous, c'est accidentel. Chez moi, c'est sans interruption.

Mme SARTELLI, douloureusement. — Accidentel!... On voit que vous n'avez pas entendu ce que me disait le Dr Balma.

Mme D'AVULLY. — Je ne sais pas ce qu'il vous a dit, mais, pour moi, il a été formel. Et il a ajouté que c'était un cas tout à fait curieux.

Mme SARTELLI. — Je ne sais pas ce qu'il pensait de vous. Tout ce que je puis dire, c'est qu'il a fait une étude sur moi dans une grande revue médicale.

Mme D'AVULLY. — C'est possible.

Mme SARTELLI. — Je vous montrerai l'article. J'en ai acheté cinquante numéros. Il m'appelle de mon initiale, Mme S...

Mme D'AVULLY. — Il n'a pas fait d'article sur moi. Sans doute mon cas était-il plus compliqué et plus difficile à étudier. Il n'a cessé de me répéter : « Vous êtes un sujet extrêmement intéressant. »

Mme DE LA JOUX. — Et à moi que je suis un phénomène pathologique !

Mme SARTELLI. — Il a dit cela à beaucoup de personnes, mais il est rare qu'il ait dit à quelqu'un, comme à moi, la veille de son départ : « Votre cas déroute tous les diagnostics. »

Mme d'Avully, sous prétexte de changer sa position, se tourne d'un autre côté.

Mme MERMINOD, qui a prêté l'oreille. — Déroute tous les diagnostics. Qu'est-ce qui déroute tous les diagnostics?

Mme SARTELLI. — Mon cas.

Mme MERMINOD. — C'est possible, mais pas tant que le mien.

Mme SARTELLI. — Je vous dis exactement la phrase que le Dr Balma m'a dite la veille de son départ.

Mme MERMINOD. — Mais il n'a cessé de me la dire, à moi. Dès le premier jour, après m'avoir examinée, il m'a déclaré : « Vous mettez la science médicale en défaut. »

Mme SARTELLI. — Je ne vois pas la différence entre cela et dérouter tous les diagnostics.

Mme MERMINOD. — Je vous répète ce qui m'a été affirmé par une lumière. Je mets la science médicale en défaut.

M. GLANDIER, entrant : il a deux châles sur le bras. Il a entendu la dernière phrase de Mme Merminod. — C'est juste.

Mme SARTELLI. — Qu'est-ce qui est juste?

M. GLANDIER. — Je mets la science médicale en défaut.

Mme MERMINOD. — Non, c'est de moi qu'il était question. (A Mme Sartelli, à demi-voix.) Il croit toujours que l'on parle de lui.

M. Glandier va vers une bonne qui a devant elle une petite table et qui fait des travaux d'aiguille. Elle est là à la disposition des malades.

M. GLANDIER. — Fernande, vous avez mon troisième châle, le plus lourd, celui que je ne peux pas transporter...

FERNANDE. — Oui, il est là, monsieur.

M. GLANDIER. — Je vous le demanderai tout à l'heure. (Il scrute attentivement l'horizon et souffle deux ou trois fois vers le ciel.) On ne voit pas encore son haleine. La température n'est pas en dessous de dix-huit degrés, rien à craindre encore pour le moment, mais cela peut changer d'un moment à l'autre.

Il va s'étendre sur une chaise longue qui se trouve auprès de Mme Merminod. A ce moment le Facteur entre et dépose un paquet de lettres sur la petite table de Fernande.

LE FACTEUR, à demi-voix à Fernande. — Ils ne se la foulent pas, sur leur canapé. De temps en temps, ils devraient bien faire ma tournée à ma place. (A voix haute.) Madame Sartelli...

Il la cherche des yeux dans le groupe.

Mme SARTELLI. — C'est ici.

LE FACTEUR. — Une lettre recommandée.

Mme SARTELLI. — Pour moi?

LE FACTEUR. — Il faut croire, madame. (Il tend à Mme Sartelli le pli qu'elle prend sans même le regarder et qu'elle met sous son petit sac. Le Facteur lui présente le carnet où sont enregistrées les signatures.) S'il vous plaît, madame.

Mme Sartelli, douloureusement. — Ah ! il y a quelque chose à signer. (Avec résignation.) Où est-ce que je dois signer ?

Le Facteur, lui indiquant du doigt la place où elle doit signer et dont il humecte la place de son doigt en lui passant un crayon. — C'est ici, madame. (Mme Sartelli signe lentement et retombe comme accablée sur son fauteuil. Il attend une seconde, puis, comme elle ne songe pas au pourboire, le Facteur s'éloigne vers Fernande. Le Facteur, à Fernande.) Ça ne lui fait pas d'effet de recevoir une lettre recommandée à cette dame. S'il n'y avait que des clients comme ça... J'ai une lettre en moins et pas de monnaie en plus, je serai plus léger pour le reste de ma tournée.

Fernande, dédaigneusement. — Ils ne pensent qu'à eux.

Le Facteur. — Ils se donnent du bon temps.

Fernande. — Pensez-vous ! Ils se croient trop malades, ça les empoisonne !

Le Facteur. — A être là toute la journée à écouter de la musique...

Fernande. — Ils n'écoutent pas.

Le Facteur. — Enfin, l'important est qu'ils viennent se soigner et qu'ils laissent leur fric à la maison. Je me dis bien qu'on ne s'occupe pas d'eux à l'œil.

Fernande. — Il y a des malades qu'on soigne pour rien.

Le Facteur. — Oui, cette clinique qu'ils ont organisée pour les gens du pays, ça c'est bien. Est-ce qu'il en vient beaucoup du pays ?

Fernande. — Pas beaucoup de vrais malades. Les vrais malades aiment mieux s'adresser à des sorciers qu'on a par ici.

Le Facteur. — Ils font peut-être aussi bien.

Fernande. — Ne croyez pas cela. Vous savez, le nouveau jeune docteur qu'il y a ici, il paraît que c'est un as.

Le Facteur. — Qui est-ce qui a dit ça ?

Fernande. — Eh bien, tous ces messieurs : le directeur de l'hôtel, M. Sallard, le directeur du casino.

Le Facteur. — Ils ont raison de le faire mousser, leur docteur. C'est pas eux qui vont en dire du mal. Saint-Hubert-en-Genevois, hôtel confortable, traitements efficaces de toutes les maladies, un cuisinier de premier ordre à l'hôtel, un praticien d'élite à l'établissement ! J'en ai distribué, de leurs prospectus !

Fernande. — On est là à bavarder, vous n'avez rien pour moi ?

Le Facteur. — Si, j'ai une carte.

Fernande. — Qu'est-ce que vous attendez pour me la donner ?

Le Facteur. — Oh ! ben, je vous aurais aussi bien fait la commission. Il vous attend demain soir, à 9 heures.

Fernande. — Alors, vous lisez les cartes postales ?

Le Facteur. — J'ai pas le temps de lire des livres. Alors, il vous attend derrière la mairie. Ça fait moins de formalités que d'y entrer par devant.

Fernande. — Si vous gardiez vos réflexions !

Le Facteur. — J'aime autant vous les offrir.

Fernande. — Allez-vous-en faire votre travail...

Le Facteur. — Ça vaudra mieux que de dire des bêtises.

Il sort.

Mme Merminod. — Est-ce une impression personnelle?... Il me semble qu'il commence à faire un peu frais...

M. Glandier, après avoir soufflé. — Pour le moment, du moins, on ne la voit pas...

Mme Merminod. — Qu'est-ce qu'on ne voit pas ?

M. Glandier. — Son haleine. Quand vous soufflez et que vous ne voyez pas devant vous comme une buée, moins qu'une buée, une vapeur, moins qu'une vapeur, un petit frémissement de l'air... c'est que la température de l'air ambiant est d'au moins dix-huit degrés.

Mme Merminod. — Oh! comme c'est intéressant !

M. Glandier. — Vous ne saviez pas cela ?

Mme Merminod. — Oh! non, et je suis bien contente de le savoir !

Mme de La Joux. — Qu'est-ce que c'est ?

Mme Merminod. — Monsieur a inventé un nouveau procédé...

M. Glandier. — Oh! ce n'est pas moi qui l'ai inventé ! C'est un monsieur de Constantinople qui me l'a indiqué. Je ne sais même pas si c'est lui qui avait trouvé la chose...

Mme Merminod. — Il paraît que quand on souffle devant soi et qu'on n'aperçoit pas son souffle, la température est supérieure à... à combien, monsieur Glandier?...

M. Glandier. — Dix-huit degrés.

Mme de La Joux. — Et c'est absolument précis?

M. Glandier. — Plus précis qu'un thermomètre...

Mme d'Avully. — Oh! moi, je ne me fie même plus au thermomètre...

Mme Sartelli. — A qui le dites-vous! Vous savez qu'il y a des thermomètres truqués?...

Mme d'Avully. — Bien sûr, il y a des hôtels où, pour économiser des frais de chauffage, on truque les thermomètres.

Mme de La Joux. — Mais si les voyageurs ont des thermomètres à eux?...

Mme Sartelli. — Eh bien, le directeur, dans une ville que je ne veux pas nommer, prétendait que les thermomètres des voyageurs étaient faux et seul celui de la maison donnait les indications justes.

M. Glandier. — Il y a une chose qu'on ne peut pas truquer, c'est de souffler son haleine.

Mme Sartelli. — Comment faites-vous ?

M. Glandier. — Comme ça. (Il souffle.)

Mme d'Avully. — Mais c'est tout ce qu'il y a de plus simple.

Elle souffle fort. Mme de La Joux souffle très fort.

M. Glandier. — Oh! non, vous soufflez trop fort! Là!... Ça doit être à peine plus sensible qu'une expiration. (Il souffle.) Comme ça! (Ils se mettent tous à souffler.) C'est très bien. (Elles soufflent encore.) C'est parfait, nous sommes au-dessus de dix-huit degrés.

Mme Merminod. — C'est tellement intéressant de connaître la température de l'air ambiant...

M. Glandier. — Moi, dès que j'entre dans un local quelconque, dans un compartiment de chemin de fer, par exemple, mon premier soin est de procéder rapidement et discrètement à la petite expérience en question.

Mme d'Avully. — Ce qui vous permet d'être fixé immédiatement...

Mme Merminod. — Et de prendre vos mesures en conséquence.

M. GLANDIER. — Pour les températures au-dessous de dix-huit degrés, j'ai un thermomètre dans ma poche, un thermomètre à moi que je fais vérifier toutes les semaines. Alors, d'après la température que je constate, je gradue mes châles...

Mme MERMINOD, qui n'a pas compris. — Comment dites-vous ?

M. GLANDIER, répétant. — Je gradue mes châles.

Mme MERMINOD. — Excusez-moi, je ne vois pas ce que ça veut dire.

M. GLANDIER. — J'ai divers châles... (Il montre un châle.) d'épaisseur différente et gradués. A seize degrés un châle, à quatorze degrés deux châles et, plus bas, le grand châle de secours... (Il montre un châle qui est sur un fauteuil.) Il est en poil de chien du Thibet...

Mme MERMINOD. — Et où peut-on avoir ça ?

M. GLANDIER. — On ne peut plus en avoir.

Mme DE LA JOUX. — C'est abominable !

M. GLANDIER. — Le molosse thibétain ou, si vous voulez, le molosse du Thibet est un chien qui, paraît-il, ne s'enrhume jamais. Alors, on a eu l'idée de faire des châles avec les poils des chiens du Thibet.

Mme DE LA JOUX. — C'est abominable qu'on ne puisse se procurer un vêtement essentiel...

M. GLANDIER. — Je m'informerai pour vous. Peut-être qu'en écrivant au Thibet...

Mme DE LA JOUX. — Oh ! faites cela, monsieur !

M. GLANDIER. — Je suis tellement sensible au froid et aux variations de température...

Mme MERMINOD. — Oh! pas tant que moi!

Mme DE LA JOUX. — Personne ne l'est autant que moi.

M. GLANDIER. — Si je vous avouais que le simple déplacement d'air provoqué par le passage d'une personne, à deux mètres de moi, me donne une sorte de crispation nerveuse...

Mme DE LA JOUX. — Deux mètres, mais qu'est-ce que c'est que ça !... Mais une personne qui passe de l'autre côté de la rue...

Mme MERMINOD. — Il suffit qu'on ouvre un journal brusquement pour que je me sente glacée jusqu'aux moelles.

Mme SARTELLI, frémissant. — Oh! un journal qu'on ouvre !...

Mme D'AVULLY, de même. — Une feuille de papier qu'on déchire...

Mme MERMINOD, défaillante. — Oh! ne parlez pas de ça !...

Mme SARTELLI. — C'est tout de même curieux, une sensibilité comme la nôtre...

M. GLANDIER. — C'est curieux, mais, en ce qui me concerne, ça s'explique très bien.

Mme MERMINOD. — Comment l'expliquez-vous ?

M. GLANDIER. — Elle est due à un défaut de nutrition des tissus! Mes cellules nerveuses ne sont pas suffisamment nourries.

Mme D'AVULLY, avec un grand accent de contentement. — Oh! tout s'explique! Je me demandais aussi... mes cellules nerveuses ne sont pas suffisamment nourries...

Mme SARTELLI. — Ni les miennes.

Mme MERMINOD. — Ni les miennes.

Mme D'AVULLY. — Nos cellules nerveuses ne sont pas assez nourries.

M. GLANDIER. — Attendez! Attendez! L'explication est séduisante. Mais vous n'avez tout de même pas le droit d'affirmer cela avant d'avoir consulté là-dessus de vrais techniciens de la cellule. Moi, si j'affirme ce défaut de nutrition, c'est que le fait a été constaté par diverses sommités médicales.

Mme D'AVULLY. — Oh! il n'y a pas de doute en ce qui me concerne... Les sommités le constateront.

Mme SARTELLI. — Le nouveau docteur ne vous a pas encore examinée ?

Mme MERMINOD. — Non, pas encore.

M. GLANDIER. — Moi non plus, il n'a fait que nous rendre une visite sommaire et c'est demain qu'a lieu la première consultation.

Mme MERMINOD, rêveuse. — C'est curieux que le Dr Balma n'ait pas constaté en moi ce défaut de nutrition des cellules.

Mme D'AVULLY. — Oh! il s'en est peut-être parfaitement rendu compte, mais il ne vous l'a pas dit pour ne pas vous frapper...

Mme SARTELLI. — Oh! non, ce n'était pas son genre, il disait aux malades toute la vérité.

Mme MERMINOD. — C'était une de ses grandes qualités.

Mme D'AVULLY. — J'espère bien que le nouveau docteur ne nous ménagera pas...

Mme SARTELLI. — Oh! les ménagements, je ne peux pas souffrir les ménagements.

Mme MERMINOD. — Oui, chez moi, je suis entourée de gens qui me ménagent, c'est exaspérant.

Mme SARTELLI. — Et vous savez, ne croyez pas que ce soit par bonté d'âme. Les gens, autour de vous, quand on se plaint, sont toujours disposés à vous dire que vous n'avez rien... et je sais bien pourquoi : c'est pour ne pas avoir la peine de vous soigner...

Mme D'AVULLY. — Oh! j'ai remarqué cela... Ce que vous dites est vrai, chère amie... Ils font semblant de rassurer les malades de leur entourage, mais c'est pour se rassurer eux-mêmes, c'est pour ne pas se priver de plaisirs, de distractions...

Mme SARTELLI. — Nous sommes entourés d'égoïstes, de gens qui ne pensent qu'à eux...

Mme D'AVULLY. — Oh! les gens qui ne pensent qu'à eux !...

M. GLANDIER. — On finit malgré soi par les prendre en grippe.

Mme SARTELLI. — On les prend en grippe.

M. GLANDIER. — En tout cas, il faut bien se pénétrer de ceci : c'est que les gens bien portants sont incapables de comprendre les malades.

Mme D'AVULLY. — Comme vous avez raison!

Mme DE LA JOUX. — Autrement, ils ne les tourmenteraient pas comme ils le font.

M. GLANDIER. — Comprendre les malades, tout est là ! Le Dr Balma nous comprenait admirablement.

Mme SARTELLI. — J'espère que son successeur sera digne de lui.

M. GLANDIER. — Vous pensez! Autrement on ne l'aurait pas choisi.

Mme DE LA JOUX, avec animation. — C'est tellement agréable d'avoir un médecin qui vous comprenne, qui compatisse à vos douleurs, qui vous prenne au sérieux... Ah! si je n'étais pas malade, je voudrais être médecin ! (En parlant, elle s'est soulevée sur sa chaise longue avec forces gestes.)

Mme D'AVULLY. — Madame de La Joux, je crois que voilà votre sœur qui vient... (Mlle de Bornini, trente ans, élégamment mais simplement mise, l'air aimable. En la voyant, Mme de La Joux retombe dans le fond de sa chaise longue et paraît accablée.)

Mlle DE BORNENI, du ton le plus affectueux. — Eh bien, ma chérie, comment te sens-tu?

Mme DE LA JOUX, en enfant gâtée. — Oh! pas très bien, tu sais, pas très bien.

Mlle DE BORNENI. — Tu as bien digéré ton déjeuner?

Mme DE LA JOUX. — Oh! pas très bien...

Mlle DE BORNENI. — Comme ci, comme ça. Eh bien, c'est déjà mieux qu'hier.

Mme DE LA JOUX. — Oh! c'est la même chose, tu sais. Et puis, une fois la digestion faite, j'ai souvent des tiraillements...

Mlle DE BORNENI. — C'est l'appétit qui revient.

Mme DE LA JOUX. — L'appétit! Comme si je savais encore ce que c'est que l'appétit!

Mlle DE BORNENI. — Tu as pris tes gouttes?

Mme DE LA JOUX. — J'attends qu'on me les apporte.

Mlle DE BORNENI. — En attendant, tu n'as pas besoin de quelque chose?

Mme DE LA JOUX. — Non, non. Je voudrais seulement que tu écrives à l'adresse que monsieur va te donner pour avoir un châle en poil de chien...

Mlle DE BORNENI. — Où faut-il écrire?

Mme DE LA JOUX. — Au Thibet.

Mlle DE BORNENI. — Eh bien, j'écrirai demain. Veux-tu que je t'arrange un peu sur ta chaise longue?

Mme DE LA JOUX, lasse. — Ah! si tu veux.

Mlle DE BORNENI. — Il me semble que tes coussins se sont tassés un peu.

Elle soulève sa sœur qui se raidit tant qu'elle peut au lieu de lui faciliter la tâche.

Mme DE LA JOUX. — Oh! la la la!

Mlle DE BORNENI s'arrête un peu pour reprendre haleine, puis elle souffle. — Pff! Pff!

Mme DE LA JOUX. — Est-ce que tu la vois?

Mlle DE BORNENI. — Qui ça?

Mme DE LA JOUX. — Ton haleine.

Mlle DE BORNENI. — Mon haleine?

Mme DE LA JOUX. — Oui, non, enfin ça ne fait rien.

M. GLANDIER, soufflant. — Non, on ne la voit toujours pas.

Mlle Borneni, les regardant tour à tour, ne comprend pas.

Mme DE LA JOUX. — Eh bien, est-ce que tu vas me laisser comme ça, sans m'arranger, sur ma chaise longue?... (Mlle de Borneni la soulève.) Oh! là, je t'en supplie, fais attention. On dirait que tu manies un morceau de bois.

Mlle DE BORNENI. — Oh! pardon, ma chérie. Où est-ce que je t'ai fait mal?

Mme DE LA JOUX, embarrassée. — Où? Où? Eh bien je ne peux pas dire exactement, partout! Tu es gentille, ma petite sœur, mais tu te figures que je suis aussi valide que toi.

Mlle DE BORNENI. — Je te demande pardon. Ça va comme ça?

Mme DE LA JOUX. — A peu près.

Mlle DE BORNENI, s'asseyant à côté d'elle. — Et maintenant, devine ce que je t'apporte.

Mme DE LA JOUX. — Comment veux-tu que je devine?

Mlle DE BORNENI. — Une lettre d'Edouard, de ton mari.

Mme DE LA JOUX, avec la plus complète indifférence. — Ah!

Mlle DE BORNENI. — Oui, ma chérie, tu vas avoir des nouvelles des enfants. Veux-tu que j'ouvre l'enveloppe?...

Mme DE LA JOUX. — Oh! oui, tu sais, je n'aurais pas la force.

Mlle DE BORNENI. — Tiens! (Elle ouvre l'enveloppe et lui tend la lettre. Mme de La Joux, au lieu de la lire, la garde dans sa main qui repose avec langueur sur sa jambe.) Tu ne la lis pas?

Mme DE LA JOUX. — Je la lirai tout à l'heure.

Mlle DE BORNENI. — Veux-tu que je te la lise?

Mme DE LA JOUX, résignée. — Si tu veux.

Mlle DE BORNENI, commençant la lecture. — *Ma bien chérie...*

Mme DE LA JOUX. — Attends un peu. (Elle souffle.) A M. Glandier, avec inquiétude.) On ne la voit pas?

M. GLANDIER, soufflant. — Pas encore. D'ailleurs, soyez tranquille, je fais l'expérience toutes les trente secondes et, aussitôt qu'on la verra, je vous préviendrai.

Mme DE LA JOUX. — Je puis compter sur vous?

M. GLANDIER. — Comptez sur moi.

A ce moment une infirmière entre, apportant un remède à Mme de La Joux.

Mlle DE BORNENI. — Tu vas prendre d'abord ton remède.

Mme DE LA JOUX. — Non, pas encore, ce n'est pas l'heure. Encore cinq minutes. (Soulevant péniblement le bras et regardant l'heure à sa montre-bracelet.) A 5 ½, ce sera l'heure précise. L'aiguille est sur vingt-cinq.

Mlle DE BORNENI. — Alors, je commence ma lecture.

Mme DE LA JOUX, après un silence. — Oui.

Mlle DE BORNENI, lisant. — *Ma bien chérie, voilà quinze jours seulement que tu es partie, mais il me semble qu'il y a une éternité...*

Mme DE LA JOUX, douloureusement. — Il se figure que le temps passe vite pour moi...

Mlle DE BORNENI, continuant sa lecture. — *C'est que la maison paraît si vide! Quant aux enfants, les deux ou trois premiers jours, ils étaient complètement désemparés et on ne pouvait arriver à les distraire...*

Mme DE LA JOUX. — Personne ne se distrait.

Mlle DE BORNENI, continuant. — *Jean-Louis ne cessait de répéter : « Je veux maman, je veux maman! Où est maman?... »* (Mme de La Joux souffle plusieurs fois son haleine.) *Et il ne cessait d'envoyer des baisers avec sa petite main...* (Elle écrase une larme au coin de son œil.) Pauvre petit. Est-ce que ce n'est pas touchant?

Mme DE LA JOUX. — Oui... tu n'oublies pas l'heure?

Mlle DE BORNENI, regardant l'heure à la montre-bracelet de sa sœur qui se laisse soulever la main comme une chose. — Non, il y a encore deux minutes.

Mme DE LA JOUX. — En somme, ils vont bien. Regarde rapidement ce qu'il dit et tu me liras la lettre après, plus tard, après mon remède...

Mlle DE BORNENI. — Il faudra que je réponde aussi vite que possible, car on sent qu'il s'ennuie terriblement, ce pauvre Edouard. Tu devrais lui envoyer simplement, ce soir, quelques mots, car il y a un courrier à 10 heures...

Mme DE LA JOUX. — Oui, oui.

Mlle DE BORNENI. — Je veux bien écrire à ta place, mais ça ne lui fera pas le même effet.

Mme DE LA JOUX. — Eh bien, écris-lui, donne-lui tous les détails et, si je ne suis pas trop fatiguée, j'ajouterai deux mots à la fin de ta lettre.

Mlle DE BORNENI. — J'ai mon papier à lettres ici et un crayon. Ecris tout de suite ces deux mots au bas de la feuille et puis j'écrirai ma lettre après.

Mme DE LA JOUX, résignée. — Donne-moi ton crayon...

Elle va écrire sur le bloc que lui tend sa sœur. M. Glandier, tout à coup.

M. GLANDIER. — On la voit! Ah! on la voit très bien.

Toutes, à ce cri, se lèvent de leur chaise longue.

Mme DE LA JOUX, à sa sœur. — Je t'en supplie, aide-moi à me lever.

Elle manifeste une agitation extrême à laquelle Mlle de Borneni ne comprend rien.

Mlle DE BORNENI. — Mais qu'est-ce qu'il y a?

Mme DE LA JOUX. — Je vois mon haleine.

Mme D'AVULLY. — On voit son haleine.

Mme DE LA JOUX. — C'est effrayant! A quoi pourront ces infirmières?... Il n'y a personne ici pour nous aider à rentrer.

FERNANDE, à la cantonade. — Les voilà qui reviennent du goûter...

Entrent trois infirmières.

Mme SARTELLI. — Aurons-nous le temps de rentrer?...

Chacune des infirmières prend deux malades.

M. GLANDIER. — Et mon châle du Thibet?...

FERNANDE, présentant le châle. — Le voilà.

Il met ses deux châles, puis le châle du Thibet par dessus.

Mme SARTELLI, à Mme d'Avully, à qui une infirmière a donné chacune un bras. — Vraiment, il y a des choses injustes dans la vie. Regardez-le avec son châle en poil de chien!

RIDEAU

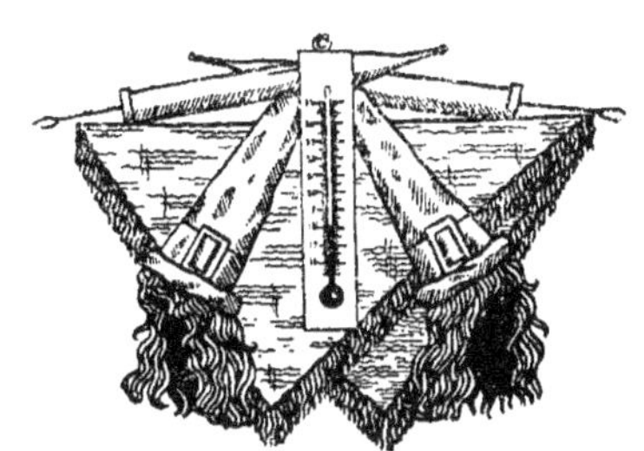

ACTE III

Le cabinet de consultation. Porte au fond, à gauche. A droite, le cabinet de Georges. Une chaise longue à dossier mobile, une bibliothèque vitrée avec des ouvrages de médecine. Une petite table de travail pour l'Infirmière.

Au lever du rideau, l'Infirmière est assise à sa table.

Entre Georges.

GEORGES. — Eh bien, mademoiselle Berchet, il n'est venu personne en mon absence?

L'INFIRMIÈRE. — Non, docteur. D'ailleurs, les malades savaient que vous ne les recevriez qu'à partir de 3 heures.

GEORGES, assis à son bureau. — Voyons, qui ai-je vu à cette consultation du matin ? (Il consulte ses notes.) Mme de La Joux... cette dame qui est ici avec sa sœur. La sœur est très bien, pleine de dévouement, et je me demande ce que la malade fait à la clinique...

L'INFIRMIÈRE. — Elle y est depuis quelque temps.

GEORGES. — Et le Dr Balma, mon prédécesseur, l'avait examinée ?

L'INFIRMIÈRE. — Oui, docteur.

GEORGES. — Et il l'avait gardée six mois ?...

L'INFIRMIÈRE. — Oui, docteur.

GEORGES. — Il l'a trouvée très malade ?

L'INFIRMIÈRE. — Je ne crois pas.

GEORGES. — Le Dr Balma lui a dit sa façon de penser ?

L'INFIRMIÈRE. — Oh! non, docteur. Vous ne connaissez pas le Dr Balma. Jamais, c'est entendu, il n'a dit aux clients qu'ils étaient malades quand il ne le pensait pas lui-même. Seulement, il ne contrariait personne.

GEORGES. — Ah ! bon ! Qu'est-ce que c'est que cette Mme de La Joux ?

L'INFIRMIÈRE. — C'est la femme d'un gros filateur du Nord, une des plus grosses fortunes de ces pays-là.

GEORGES. — Ah ! bon ! Alors, l'établissement ne tenait pas à se séparer d'elle...

L'INFIRMIÈRE. — On ne faisait rien pour la garder.

GEORGES. — Qu'est-ce que c'est que le Dr Balma ?

L'INFIRMIÈRE. — L'homme le meilleur de la terre. Je ne puis pas vous dire à quel point il était charitable et bon pour les pauvres gens.

GEORGES. — Il n'était pas méchant non plus pour les gens riches?

L'INFIRMIÈRE. — Il n'était méchant pour personne. Tout ce que je puis vous dire, c'est qu'il donnait beaucoup d'argent aux pauvres et il continue à leur en donner. Je sais que dans son pays, où il s'est retiré, il subventionne beaucoup d'œuvres de bienfaisance...

GEORGES. — Et ses moyens, sans doute, le lui permettent?

L'INFIRMIÈRE. — Evidemment. Il a gagné beaucoup d'argent ici. Il était intéressé dans la maison.

GEORGES. — Eh bien, moi, je n'ai pas du tout ménagé Mme de La Joux. Je lui ai dit la vérité sur son cas. Et je l'ai engagée vivement à s'occuper de ses enfants et de son mari et à ne plus autant s'occuper d'elle.

L'INFIRMIÈRE. — Mais elle est capable de vouloir quitter immédiatement la clinique?

GEORGES. — Elle s'en ira. Savez-vous ce que c'est que Mme de La Joux ?... C'est encore une personne qui, dans son enfance, a été mal élevée. Ses parents l'ont trop couvée. Comme beaucoup d'autres parents, d'ailleurs. Ils s'alarment à propos de tout et leurs enfants prenaient l'habitude de ne plus songer qu'à leur propre santé. Une fois arrivés à l'âge adulte, ils continuent à être malades par persuasion. Regardez un enfant qui joue sous l'œil de sa mère. Il vient à tomber. Qu'est-ce qu'il fait?

L'INFIRMIÈRE. — Il crie.

GEORGES. — Rarement. Son premier mouvement est de promener autour de lui un regard étonné.

L'INFIRMIÈRE. — C'est vrai.

GEORGES. — Parfois presque amusé...

L'INFIRMIÈRE. — En effet, j'ai remarqué cela.

GEORGES. — C'est alors que la maman, au lieu d'aller simplement le relever et de faire comme si de rien n'était, se précipite absolument affolée. « Ah! mon pauvre petit, où est-ce que tu as bobo, dis, où est-ce que tu as bobo?... » Et alors l'enfant se met à pleurer... Une certaine partie des clients de Saint-Hubert ressemblent à cet enfant-là. (On frappe. Il relève la tête. Brusquement.) Qu'est-ce que c'est? (Il change de ton en voyant entrer Hélène.) Ah! c'est toi, ma chérie!

HÉLÈNE, à l'Infirmière. — Bonjour, mademoiselle. (A Georges.) Ecoute, Georges, je viens de recevoir un carton de la comtesse Olivera. Elle m'attend à goûter au casino. Je crois que je ferais bien d'y aller, n'est-ce pas?

GEORGES. — Oh ! si ça t'amuse...

HÉLÈNE, d'un air de doute. — Oh! ça m'amuse!

GEORGES, affirmatif. — Ça t'amuse !

Pendant l'entretien de Georges et de sa femme, l'Infirmière disparaît discrètement dans un petit cabinet à côté.

HÉLÈNE. — Tu ne remarques pas ce que j'ai ?

GEORGES. — Qu'est-ce que c'est ?

HÉLÈNE. — Ce renard gris.

GEORGES. — Ah ! oui, c'est bien.

HÉLÈNE. — C'est bien ? C'est magnifique, c'est un renard gris qui vaut douze mille francs et qu'on ne propose pour trois mille cinq cents.

GEORGES. — C'est si cher que cela ?

HÉLÈNE. — Ecoute, tu penses bien que je ne vais pas me l'acheter comptant. Mais tu n'as pas besoin de t'en occuper, je paierai quatre cents francs par mois.

GEORGES. — Oh ! j'aime mieux te l'acheter, va.

HÉLÈNE. — Mais tu n'as pas encore touché d'argent ?

GEORGES. — Si, j'en ai touché un peu, et puis, tu sais, ces vieux livres de médecine que j'ai à Paris, j'ai un libraire de la rive gauche qui m'a toujours demandé de les lui vendre.

HÉLÈNE. — Je ne veux pas que tu vendes tes vieux livres. Enfin, nous réglerons ça ! Tu comprends, je suis obligée de m'habiller un peu pour les personnes avec qui je vais goûter, et j'aurai encore beaucoup d'invitations, il ne faut pas que j'aie l'air trop miteuse. C'est dans ton intérêt que je dis ça.

GEORGES, souriant. — Je te remercie, et avoue que tu es contente d'avoir un beau renard gris ?

HÉLÈNE. — Bien, oui. Je suis contente.

GEORGES. — Au revoir, mon chéri.

Elle l'embrasse.

HÉLÈNE, à la porte du petit cabinet. — Au revoir, mademoiselle.

L'INFIRMIÈRE. — Au revoir, madame. (Sort Hélène.) Je crois qu'il serait temps de faire entrer les malades de la consultation gratuite !

GEORGES. — Nous allons voir si ceux-là se croient aussi malades...

L'INFIRMIÈRE. — Oh ! ils sont comme les autres. Non pas qu'il n'y ait dans le pays des gens sérieusement atteints... mais ils préfèrent consulter une sorte de rebouteux des environs de Bonneville.

Elle fait entrer l'Ouvrière et son petit garçon.

GEORGES. — C'est pour ce petit homme que vous venez consulter ?

L'OUVRIÈRE. — Oui, monsieur le docteur.

GEORGES. — Et qu'est-ce qu'il a ?

L'OUVRIÈRE. — Oh ! monsieur le docteur, il a bien de la peine à se remonter.

GEORGES. — Oui, il n'a pas une mine florissante.

L'OUVRIÈRE. — Pensez, monsieur le docteur, il a maintenant... combien que tu as, maintenant ?

LE PETIT. — Huit ans et quatre mois.

L'OUVRIÈRE. — Il attrape la coqueluche à deux ans...

LE PETIT. — Deux ans et trois mois...

L'OUVRIÈRE. — Et quelle coqueluche, si vous l'aviez entendu... On croyait toujours qu'il allait passer dans une quinte de toux... Il était à peine remis...

Elle réfléchit.

LE PETIT. — Juste quatre ans...

L'OUVRIÈRE. — Voilà qu'il attrape la rougeole...

LE PETIT. — Avec broncho-pneumonie.

GEORGES, le regardant en riant. — Ah !

L'OUVRIÈRE. — A sept ans, la diphtérie.

GEORGES. — Aïe ! aïe !

L'OUVRIÈRE. — Enfin, il s'en est tiré.

LE PETIT. — Grâce au sérum chevalin !

L'OUVRIÈRE. — Mais si vous aviez vu dans quel état de faiblesse... J'étais obligée de le porter pour monter et descendre l'escalier. Tout le monde en était remué dans la maison. Six mois après, pneumonie double. Il s'en sort. Et voilà qu'un jour je vais livrer du travail dans une maison de la rue Blanche, chez Mme Genaux, la femme du restaurateur... Je rentre chez moi et qu'est-ce que je trouve, sur le divan de la concierge ?... Cet enfant qui se tenait le ventre. On a fait tout de suite venir le Dr Curchod. L'enfant avait une appendicite aiguë.

GEORGES. — Eh bien, vrai !

L'OUVRIÈRE. — Le docteur ordonne de le faire conduire tout de suite à l'hôpital pour le faire opérer...

LE PETIT. — A chaud !

L'OUVRIÈRE. — Il s'en sort...

LE PETIT. — Tu passes trop vite. A la maison de santé, il y avait quatre docteurs autour de moi, deux internes et trois sœurs de charité.

L'OUVRIÈRE. — L'opération a duré plus de deux heures.

LE PETIT, sentencieux. — Il y avait des adhérences...

L'OUVRIÈRE. — Enfin, depuis ce temps-là, il n'a pas eu d'autres maladies. Seulement, il faudrait bien l'examiner parce qu'il est resté délicat de partout.

GEORGES. — Je vais l'examiner.

L'OUVRIÈRE. — Il a souvent des points dans le dos.

GEORGES. — Où ça ?

LE PETIT. — A droite, au niveau de la deuxième fausse côte.

GEORGES. — Tu tousses ?

LE PETIT. — Oh ! oui, quelquefois.

GEORGES. — Viens ici, gros pépère, défais-moi ça.

Il désigne la veste du petit.

L'OUVRIÈRE, se précipitant. — Ne vous dérangez pas, monsieur le docteur.

Elle enlève deux tricots, un gilet, un autre tricot.

GEORGES. — C'est comme un clown, ça, vous lui mettez beaucoup trop de choses sur le dos. (Quand l'Ouvrière a retiré tous les vêtements.) Respire profondément, tu sais ?

L'OUVRIÈRE. — Oh ! oui, monsieur le docteur, ce n'est pas la première fois qu'on l'ausculte. Il respire admirablement.

GEORGES. — Retiens ton souffle. Tu sais compter ? Tu vas dire trente-trois, mais tu vas le répéter plusieurs fois, trente-trois, trente-trois, trente-trois !

LE PETIT. — Il n'y a pas besoin de savoir compter puisqu'on dit toujours trente-trois.

GEORGES. — Répète ce que je te dis.

LE PETIT. — Trente-trois, trente-trois, trente-trois...

GEORGES. — Assez ! assez ! Je n'entends rien du tout.

L'OUVRIÈRE. — Mais alors, ces points dans le dos...

GEORGES. — Oh ! bien, un petit peu de rhumatisme, de névralgies intercostales, c'est souvent la suite anodine des affections du poumon. (Un temps.) Il a bon appétit ?

L'OUVRIÈRE. — Ça dépend des jours.

Georges. — Oui, je vois. Un estomac un peu capricieux...

L'Ouvrière. — Vous l'avez dit, monsieur le docteur. Un jour, c'est à peine s'il mangera et, le lendemain, le garde-manger n'est pas assez grand pour le rassasier.

Le Petit. — Et des fois, j'ai envie de dégobiller.

Georges. — Comment dort-il ?

L'Ouvrière. — Oh ! il est quelquefois très agité, il remue les jambes, il défait ses couvertures.

Le Petit. — Il paraît que je suis très nerveux !

Georges. — C'est qu'il ne remue pas assez pendant le jour. Alors, il gambade pendant la nuit. Vous allez donner à ce petit une nourriture saine et abondante, du lait bouilli et des compotes, puis, de temps en temps, un peu de cervelle, du poisson. Surtout ne le tenez pas à la maison, couvrez-le moins que ça et laissez-le un peu courir.

L'Ouvrière. — Et comme remède, qu'est-ce qu'il faut qu'il prenne?

Georges. — Rien du tout.

L'Ouvrière. — Du sirop?

Georges. — Je n'en vois pas la nécessité.

L'Ouvrière. — Alors, un peu de vin fortifiant?

Georges. — Ah ! non ! encore moins !

L'Ouvrière, déçue. — Ah !

Georges. — Au revoir, mon petit gosse. Mais tu n'as pas l'air content ?

Le Petit. — Pourquoi que vous ne me donnez pas de remèdes?...

Ils sortent.

Georges. — Au suivant...

L'Infirmière, au Diabétique. — Entrez un peu par ici.

Le Diabétique a quarante-huit ans. Il est entré gauchement, le torse un peu de côté.

Georges. — Asseyez-vous.

Le Diabétique. — Merci bien, monsieur le docteur.

Il s'assoit sur le bord d'un siège en retournant son feutre noir entre ses doigts.

Georges. — Eh bien, voyons, qu'est-ce que vous avez?

Le Diabétique. — Je fais du sucre.

Georges. — Du sucre ?

Le Diabétique. — Oui, monsieur le docteur... *(Baissant la voix d'un air honteux.)* par les urines...

Georges. — Vous avez le diabète...

Le Diabétique. — Il paraît que ça s'appelle comme vous dites. Je fabrique du sucre.

Georges. — Et depuis quand ?

Le Diabétique. — Ça, monsieur le docteur, je peux pas vous le dire exactement.

Georges. — Qui vous a dit que vous fabriquiez du sucre ?

Le Diabétique. — Eh bien, c'est M. Camparon.

Georges. — Qui est ce monsieur-là ?

Le Diabétique. — Vous ne connaissez pas M. Camparon?... C'est le pharmacien tout près d'ici.

Georges. — Ah ! le pharmacien.

Le Diabétique. — J'entre quelquefois chez lui parce qu'on se connaît depuis longtemps. On a été à la même école... il y est resté plus longtemps, lui. Enfin, on était du même pays, c'était son père qui tenait l'auberge tout près de chez nous. Avant son papa, que je dis, c'était le père Doron qui tenait l'auberge. Et puis le père Doron est allé s'établir dans le pays de sa femme. Parce que sa femme, au père Doron, elle voulait pas quitter un frère à elle qui était receveur d'un bureau de tabac

qu'il avait obtenu. Mais je me rappelle plus qui c'est qui lui avait fait avoir ça?

Georges. — Oui, enfin ! Comment l'idée vous est-elle venue de consulter le pharmacien?

Le Diabétique. — Parce que depuis quelque temps je n'étais pas à mon aise.

Georges. — Depuis combien de temps ?

Le Diabétique. — Depuis trois mois ou bien quatre mois. Non, deux mois. Seulement, tout de même, je ne pensais pas à lui en parler. J'étais entré pour lui dire bonjour et c'est lui qui m'a dit : « Comment que tu vas?... » J'ai commencé par lui dire que tout allait bien, puis je me suis dit : « Mais pas du tout, ça ne va pas bien, je ne suis pas à mon aise. » Là-dessus, la conversation s'est emmanchée... Il m'a demandé ce que j'avais... J'ai dit que les forces s'en allaient. Et puis que des fois il y avait comme du brouillard devant l'œil... Et puis encore que je n'arrêtais plus de boire... Alors, il m'a dit, le pharmacien...

Georges. — Oui, je vous suis.

Le Diabétique. — Le pharmacien Camparon... il me tutoie. Il m'a dit : « Ecoute, mon vieux, tu vas m'apporter tes eaux, celles du matin... Apporte-moi ça. » J'ai donc porté mes eaux, et qu'est-ce qu'il m'a dit le lendemain? Qu'il avait farfouillé dedans avec des trucs et qu'il y avait trouvé du sucre. Alors, c'est lui qui m'a conseillé de venir ici. Il m'a dit : « Il y a un nouveau docteur de Paris, on le dit capable... » *(Le Docteur incline la tête en souriant.)* C'est une consultation gratuite, qu'il a dit, et qui ne te coûtera rien. Je suis donc venu vous voir à cette consultation gratuite. Mais j'ajoute que, si vous me demandez une petite pièce, je vous la donnerai de bon cœur.

Georges. — Je ne vous demanderai rien du tout.

Le Diabétique, inquiet. — Il faudra bien me soigner tout de même ?

Georges. — Soyez tranquille. Vous vous sentez faible?

Le Diabétique. — Pas tout le temps. Il y a des fois, les forces s'en vont, des fois en plein travail, je me vois forcé de retourner à la maison et, vous savez, j'ai quatre bouches à nourrir, sans parler de ma g... à moi !

Georges. — Quelle est votre occupation ?

Le Diabétique. — Jardinier. Et puis, je fais des travaux de menuiserie de temps en temps. Je scias du bois, mais maintenant c'est trop dur. Pourtant, vous savez, si vous avez du bois à scier, un jour que je me sentirai plus costaud...

Georges. — Je n'ai pas de bois à scier. *(Après un silence.)* Vous allez m'apporter votre urine du matin...

Le Diabétique. — Bien, monsieur le docteur.

Georges. — Maintenant, je vais vous prescrire un régime...

Le Diabétique, effrayé. — Un régime...

Georges. — C'est-à-dire que je vais vous indiquer par écrit ce que vous ne devez pas manger. *(Le Diabétique incline la tête en regardant le Docteur d'un air étonné.)* D'abord, aucun mets sucré...

Le Diabétique. — Aucun...

Georges. — Aucun aliment avec du sucre...

Le Diabétique. — J'aime pas ça.

Georges. — Eh bien, ça va bien.

Le Diabétique. — C'est même pour ça, probablement, que je fais du sucre. Parce que quand on me donne à manger quelque chose de sucré, comme je ne l'aime pas, je le rends par les urines.

GEORGES. — C'est une explication, mais je ne crois pas que ce soit la bonne. Je continue : pas de vin...

LE DIABÉTIQUE. — Comment dites-vous, monsieur le docteur ?...

GEORGES. — Il ne faut plus prendre de vin.

LE DIABÉTIQUE. — Faut plus prendre de vin ?...

GEORGES. — C'est fini.

LE DIABÉTIQUE. — Comment faut plus prendre de vin ?... Pas même un verre de bon vin ?

GEORGES. — Pour vous il n'y a pas de bon vin, il n'y a que du mauvais vin.

LE DIABÉTIQUE. — Oh! mais, quand il fait un peu frais, un tout petit verre pour se réchauffer...

GEORGES. — J'ai dit : jamais de vin.

LE DIABÉTIQUE. — Vous n'êtes pas commode, monsieur le docteur.

GEORGES. — Est-ce que vous voulez que j'essaie de vous guérir ?...

LE DIABÉTIQUE. — Bien sûr, je suis venu pour ça.

GEORGES. — Eh bien, pas de vin. Et puis voilà toutes les indications pour votre régime.

LE DIABÉTIQUE, prenant le papier. — Merci bien, monsieur le docteur. (Il regarde le papier.) Vous ne m'avez pas mis de remède là-dessus?

GEORGES. — Non, aucun remède.

LE DIABÉTIQUE. — Aucun remède?...

GEORGES. — Non, pas pour le moment. (Se ravisant.) Enfin, attendez, je vais tout de même vous donner quelque chose...

Il va chercher une minuscule bouteille dans une petite armoire.

LE DIABÉTIQUE. — Ah! bon, je disais, aucun remède...

GEORGES, lui donnant la bouteille. — Tenez, vous prendrez chaque soir trois gouttes de ceci dans un verre d'eau. Il y a un petit bouchon pour compter les gouttes.

LE DIABÉTIQUE. — Une si petite bouteille... Monsieur le docteur, je vous ai dit : la consultation est gratuite; mais si vous voulez m'indiquer une plus grosse bouteille, je ferai tout de même quelque chose pour ça.

GEORGES. — Tenez-vous-en à ce que j'ai dit ! Trois gouttes dans un verre d'eau.

LE DIABÉTIQUE. — C'est pas beaucoup.

GEORGES. — J'espère que ça sera suffisant. Au revoir.

Sort le Diabétique en disant, en secouant la tête : « C'est malheureux ; une si petite bouteille pour un homme qui fait du sucre ! »

L'INFIRMIÈRE. — Il n'y a plus personne pour la consultation gratuite. Voici maintenant les vrais clients. Vous allez voir M. Glandier. C'est le monsieur qui souffle son haleine devant lui pour se rendre compte de la température. Le Dr Balma, qui était si complaisant pour les malades, voyait arriver celui-là avec terreur. Quand il prend un fauteuil, il n'y a pas moyen de l'en décoller. On dirait qu'il est assis dans de la seccotine.

GEORGES. — Il est très malade ?

L'INFIRMIÈRE. — Il le dit et le Dr Balma ne lui disait pas le contraire. M. Balma, qui ne se gênait pas avec moi, me disait que la maladie de ce malade-là, c'était comme une passion de la médecine. M. Glandier n'a pas fait d'études, il n'a pas le droit de soigner les autres, alors il se soigne lui-même

sans arrêter. Je vais le faire entrer, mais je vais faire ce que nous faisions toujours quand il venait à la consultation : c'était de prévenir le garçon qui, dans quelques minutes, viendra vous chercher pour un cas urgent.

GEORGES. — Et ça ne l'étonnait pas, ce M. Glandier, que, chaque fois qu'il venait consulter, il y avait toujours un cas urgent qui interrompait la visite du docteur ?

L'INFIRMIÈRE. — Non, ça l'intéressait. Des cas urgents, ça l'amusait dans sa passion de la médecine.

GEORGES. — Eh bien, il faudrait faire entrer ce M. Glandier.

L'INFIRMIÈRE, allant à la porte. — Vous allez être servi, docteur. C'est plus facile de le faire entrer que de le faire sortir. (Entre M. Glandier.)

M. GLANDIER. — Dix-sept degrés, il y a toujours dix-sept degrés ici. Je n'ai aucune expérience à faire et je puis laisser deux de mes châles dans l'antichambre. (Au Dr Groux.) Je n'ai pu vous voir que furtivement l'autre jour et je n'ai pu vous dire à quel point j'ai été content qu'un médecin de votre mérite vienne dans notre établissement. Je sais quels ont été vos maîtres. Ils m'ont tous soigné. Ils ne m'ont pas guéri, parce que je suis inguérissable, mais je puis dire qu'ils m'ont tous dit des choses intéressantes qui ont complété et parfois dirigé les observations que je faisais sur mon cas.

GEORGES. — Mais, asseyez-vous donc, monsieur.

M. GLANDIER. — C'est ce que je comptais faire, docteur, car je marche un peu, mais je n'aime pas rester debout sans marcher. Je n'ai pas de varice déclarée, mais je suis toujours inquiet de ce côté-là, quoique l'appareil circulatoire est peut-être chez moi ce qui fonctionne le moins mal. Je crois que, pris indépendamment du reste de mon organisme, il est assez bon. Seulement, comme il se lie dans ses fonctions à mon appareil digestif et à mon appareil respiratoire, il est malheureusement influencé par le mauvais état de ces derniers. Je ne vous parlerai aujourd'hui, docteur, que de mon appareil digestif. Ce qui me prendra bien le temps de deux visites et, de trois visites si nous sommes interrompus... Vous m'écoutez bien, docteur ?

GEORGES. — Oui, monsieur.

M. GLANDIER. — Je m'astreins à mâcher mes aliments le plus longtemps possible. Inconsciemment on a une tendance à avaler trop rapidement. Je me suis donc astreint à manger avec un chronomètre et à n'ingérer mes aliments dans mon œsophage qu'au bout de trente secondes, de façon que mes glandes salivaires sécrètent le plus possible de ptyaline. Mon bol alimentaire, une fois ingéré dans l'œsophage, je le suis par la pensée à travers tout mon tube digestif. J'ai remarqué qu'aussitôt arrivé dans l'estomac la digestion gastrique se faisait beaucoup mieux quand je marchais. Je me lève donc et je fais dix fois, quinze fois, vingt fois le tour de ma salle à manger, selon que j'ai ingéré de la viande, du poisson ou des légumes. Par contre, mon expérience m'a appris que peu après le passage des aliments dans le duodénum, l'intestin et l'intestin-grêle, il valait mieux rester étendu sur mon lit pendant un laps de temps donné. Je vous dirai, une autre fois, quel système j'ai inventé pour peser rapidement tous les produits de mon élimination.

GEORGES. — Mais comment faites-vous quand vous prenez vos repas au restaurant ou que vous dinez en ville ?

M. GLANDIER. — Je ne vais jamais au restaurant et je ne dîne jamais en ville, docteur. Ce n'est pas à cause des formalités dont s'entoure ma digestion. Mais si l'on tient à suivre, par la pensée, son bol alimentaire à travers son tube digestif, il ne faut pas être distrait par des conversations futiles. Et puis si je dînais en ville ou au restaurant, je ne pourrais pas peser mes aliments et ma boisson...

GEORGES. — Ah ! vous pesez vos aliments et votre boisson ?

M. GLANDIER, souriant. — Comment voulez-vous faire autrement ? Il m'est arrivé à deux reprises d'être obligé d'assister à des repas de famille. Mais je n'ai jamais mangé que ce que j'apportais dans des paquets soigneusement pesés. C'est grâce à de telles précautions que j'arrive, non pas à me guérir, mais à faire que mon mal n'empire pas.

GEORGES. — Votre mal ?...

M. GLANDIER. — Je ne vous l'ai pas nommé parce que je suppose qu'un médecin comme vous, un médecin d'élite, au courant de la science nouvelle, a déjà établi son diagnostic. En m'entendant parler et expliquer mon régime, vous avez vu clair dans mon cas, vous avez mis pour ainsi dire le doigt sur la plaie et deviné que mes cellules nerveuses étaient insuffisamment nourries.

GEORGES. — Et quels malaises ressentez-vous ?

M. GLANDIER. — Pour le moment aucun. Et c'est ce qui me désespère. J'éprouvais jadis des phénomènes tels que des lourdeurs, des aigreurs, des vertiges qui m'étaient extrêmement précieux et le D' Balma, votre prédécesseur, l'avait très bien analysé. Tous ces inconvénients étaient des signes précieux pour la thérapeutique. Maintenant, je suis dans un état lamentable : je n'éprouve aucune douleur. Le mal se masque, il se terre. Je suis dans cet état redoutable que le vulgaire appelle la bonne santé et derrière lequel le mal accomplit sournoisement son œuvre.

GEORGES. — Alors, c'est le fait de ne pas souffrir qui vous inquiète ?

M. GLANDIER. — Il ne m'inquiète pas encore assez, docteur, pas encore assez. Il y a en moi, non seulement un engourdissement de mon mal qui fait qu'il ne se manifeste pas, mais il y a aussi une sorte de paralysie de ma vigilance cérébrale qui l'empêche de penser constamment comme elle le devrait à ce danger d'euphorie ou de bonne santé apparente. Cet état trompeur m'empêche de me soigner comme je le devrais et fait que lentement mes cellules nerveuses continueront à dépérir, parce qu'aucune manifestation douloureuse ne m'avertit qu'il y a lieu de les nourrir.

GEORGES. — Pardon, monsieur... Vous n'avez jamais consulté de psychiatre ou de médecin de maladies mentales ?

M. GLANDIER. — Non, docteur, de ce côté-là cela va parfaitement. Je suis très bien équilibré, trop bien équilibré même.

GEORGES. — Permettez-moi de vous poser une autre question. Puisque vous vous soignez avec tant de méthode, comment se fait-il que vous ayez besoin de mes soins à moi et des soins de notre clinique ?...

M. GLANDIER. — Mais je me soigne mal, docteur, je me soigne très mal ; je me soigne, en tout cas, très imparfaitement. Evidemment, je connais très bien ma nature propre, mon idiosyncrasie, mais mon traitement je ne suis arrivé à l'établir qu'avec l'aide,

la collaboration de beaucoup de vos confrères. Evidemment, je vois plus clair dans mon cas que la plupart des malades, mais je suis encore bien loin de la perfection ! J'ai un besoin constant de contrôler les observations que je fais de moi-même avec les données de la science médicale qui se perfectionne de jour en jour. Le D' Balma avait du bon et il m'a été d'un grand secours. Mais c'était un homme âgé, il me faut désormais des lumières plus nouvelles et c'est pour cela que j'ai salué la venue dans cet établissement... la venue d'un praticien plus moderne.

On frappe.

GEORGES. — Qu'est-ce que c'est ?

M. GLANDIER, avant qu'on n'ait répondu, paisiblement. — C'est un cas urgent.

GEORGES, interdit. — Comment savez-vous ?

M. GLANDIER. — On sait dans votre entourage toute l'importance des consultations et des visites que je commence à vous faire, comme celle que je faisais au D' Balma. Votre personnel me connaît et jamais il n'interromprait notre entretien s'il ne s'agissait d'un cas urgent.

GEORGES, sans quitter sa place. — Nous allons voir. Entrez !

Entre le Garçon en livrée de l'établissement.

LE GARÇON. — Docteur, on vous demande.

M. GLANDIER, triomphalement. — Que vous disais-je, docteur ! Je me retire, mais je vais m'inscrire à nouveau sur le registre des rendez-vous, et je vous dirai la prochaine fois les observations que j'ai faites sur mon appareil respiratoire, sur mon cerveau, sur ma moelle épinière et sur mon grand sympathique. Au revoir, docteur. (Il se lève.) Très honoré de vous connaître.

GEORGES. — Et moi de même, monsieur.

M. GLANDIER, soufflant devant lui. — Bon, dix-sept degrés.

Il sort.

LE GARÇON. — Il y a là M. Bergeot, directeur du Palace, et M. Sallard, directeur du casino, qui voudraient parler au docteur.

GEORGES. — Ils sont malades ?

LE GARÇON. — Je ne sais pas, monsieur.

GEORGES. — Faites entrer.

L'INFIRMIÈRE. — Je ne pense pas qu'ils soient malades. Vous n'avez pas besoin de moi, docteur, parce que je vais vérifier mes envois de pharmacie que j'ai reçus de Paris ?...

GEORGES. — Allez, mademoiselle. (Elle sort au moment où Bergeot et Sallard entrent par l'autre porte.) Asseyez-vous, messieurs. Qu'y a-t-il pour votre service ?...

BERGEOT. — Docteur, vous me connaissez. Je suis directeur du Palace.

LE DOCTEUR. — Bien, oui, monsieur.

SALLARD. — Et moi, le directeur du casino. Je vous ai fait envoyer, docteur, une carte d'entrée pour vous et M⁽ᵐᵉ⁾ Groux. Nous avons le plaisir de voir M⁽ᵐᵉ⁾ Groux au thé, mais vous n'êtes pas encore venu faire un tour chez nous...

GEORGES. — Je viendrai certainement un de ces jours. Je suis très occupé...

SALLARD. — Je ne sais pas si vous êtes joueur, mais, sans être joueur, la partie est assez amusante à suivre...

GEORGES. — Je ne suis pas joueur, mais j'irai tout de même vous faire une visite puisque vous voulez bien m'en prier. Et, puis-je savoir, messieurs, ce qui vous amène ici ?

BERGEOT. — Eh bien, voilà. Vous avez vu tout à l'heure, ce matin je crois, un client de l'hôtel, M. Galsford. Ce M. Galsford vient ici depuis deux saisons... Il se distrait au Casino et c'est un bon client de M. Sallard. C'est un peu un original, vous savez, il n'aime pas être contrarié. Je comprends que, tout nouveau ici, vous n'avez pas eu le temps d'étudier son caractère. Le D' Balma le connaissait assez bien. C'est un homme qui n'aime pas être contrarié. Je ne suis pas médecin, et je ne puis vous dire de quelle gravité est sa maladie. Je crois que le D' Balma n'était pas inquiet sur son compte, mais, comme cet homme ne demandait qu'à être soigné et que ça ne faisait de tort à personne, le D' Balma avait pour lui de la compassion et il savait que M. Galsford était content quand on lui donnait des remèdes ; le D' Balma lui avait prescrit tout son traitement qui ne pouvait pas, en tout cas, lui faire du mal.

GEORGES. — Alors, si je vous entends bien, ce matin j'ai eu tort...

BERGEOT. — Nous n'osons pas dire cela, docteur.

GEORGES. — J'ai eu tort de dire à ce monsieur qu'il n'avait pas de maladie sérieuse en dehors d'une trachéite qui le fait tousser et cracher. Je lui ai donné des gouttes pour soigner un peu son rhume. Mais ça n'était pas suffisant. Qu'est-ce que vous désirez, en somme ?

BERGEOT. — Bien, que M. Galsford vienne vous voir demain...

GEORGES. — Que je lui dise qu'il est très malade...

SALLARD. — Non, pas très malade, parce qu'il ne viendrait plus le soir au Casino...

GEORGES. — Ah ! il vient au Casino le soir...

SALLARD. — Oui, et c'est un des bons éléments de la partie...

GEORGES. — Bien, alors, il faut que je lui découvre une maladie qui nécessite des soins, mais qui ne l'empêche pas d'aller passer la soirée et la nuit au Casino.

SALLARD. — Voilà !

GEORGES. — Eh bien, messieurs, je regrette beaucoup, parce que cette maladie spéciale je ne la connais pas, j'avoue mon ignorance.

BERGEOT. — J'aurais voulu que vous voyiez M. Galsford parce que je répète que c'est un homme qui n'aime pas être contrarié.

GEORGES. — Et vous avez peur qu'il s'en aille ! Eh bien, moi aussi je le regrette infiniment. Mais je n'y peux rien. S'il veut s'en aller, ce n'est pas moi qui peux le retenir...

BERGEOT. — Docteur, vous savez bien que j'ai pour vous un grand respect...

GEORGES. — Eh bien, si vous avez un grand respect pour moi, ne continuez pas sur ce ton. Je suis ici pour soigner vos malades avec dévouement et avec toute la compétence que je suis capable d'apporter à ma tâche. Puisque vous êtes venus à ma consultation, je me permettrai de vous dire de vous occuper, vous, monsieur, de votre hôtel, et vous, monsieur, de votre casino. Je vous serai obligé de me laisser poursuivre ma consultation. Il n'y a pas de malade qui attende pour le moment, mais il va en venir tout à l'heure.

BERGEOT. — Excusez-moi, docteur. Vous nous renvoyez dans notre hôtel et notre casino et vous restez dans votre clinique. Mais il y a tout de même des liens entre toutes ces administrations.

GEORGES. — C'est entendu. Le casino et l'hôtel profitent de la clinique. Mais la clinique n'est pas au service de l'hôtel ni même du casino.

BERGEOT. — Il ne nous reste plus, Sallard, qu'à nous retirer...

GEORGES. — Je n'osais vous en prier, messieurs.

Il les suit des yeux jusqu'à la porte. Sortent Bergeot et Sallard. Resté seul, Georges donne des signes d'agitation. Hélène entre peu après par une autre porte.

HÉLÈNE, gaiement. — Bonjour !

GEORGES, soucieux. — Bonjour !

HÉLÈNE. — Oh ! comme tu me dis bonjour !

GEORGES, souriant. — Bonjour, mon chéri !

HÉLÈNE. — Je viens de passer une heure charmante avec ces dames. Elles sont délicieuses. Ce sont des Argentines très vives, très ardentes... Très éprises d'art, très au courant. La comtesse d'Olivera a un hôtel particulier à Paris, près de l'avenue du Bois. Sais-tu ce qu'elle m'a dit ? Il faut que le docteur nous preniez un jour toutes les semaines. Je veux vous avoir à dîner une fois toutes les semaines. Elle a un abonnement à l'Opéra et veut nous emmener avec elle chaque fois. Crois-tu que c'est un rêve ! Quelle existence! Et cet oncle Bonamy... Il arrive demain, tu sais, pour le conseil d'administration.

GEORGES, d'un ton indifférent. — Bon.

HÉLÈNE. — Cet oncle Bonamy que tu détestais! Crois-tu tout de même qu'il a changé notre vie ?

GEORGES. — Oui, il l'a changée. Il t'a donné une vie qui te plaît...

HÉLÈNE. — Comment ne me plairait-elle pas ?...

GEORGES. — Et maintenant, s'il fallait retourner dans un autre petit patelin quelconque faire de la clientèle...

HÉLÈNE. — Pourquoi me dis-tu ça ?

GEORGES. — Pour rien.

HÉLÈNE. — Je te laisse avec tes malades. La voiture de la comtesse d'Olivera m'attend devant la porte pour m'emmener dans sa villa. Elle nous a invités à déjeuner pour cette semaine, mais elle n'a pas voulu attendre ce jour-là pour me montrer sa maison. Elle m'aime beaucoup et si tu savais comme elle t'admire...

GEORGES. — Eh bien ! à tout à l'heure, mon petit !

Sort Hélène.

L'INFIRMIÈRE, entrant. — Je viens d'apercevoir, par la fenêtre du laboratoire, le directeur du Palace et le directeur du casino. Ils avaient l'air furieux.

GEORGES. — Ils avaient l'air furieux ?... Eh bien, ils ne m'auront pas ! La résistance sera dure (Regardant la porte par où est sortie Hélène.)... pénible même... Mais ils ne m'auront pas !

ACTE IV

La scène se passe à l'établissement, dans la salle du conseil d'administration. A droite, au fond, une porte donnant sur un couloir qui va au cabinet de consultation du D Groux.*

Au lever du rideau, le Garçon est en train de disposer des plumes, du papier et des encriers sur une table.

L'INFIRMIÈRE, *qui regarde le Garçon.* — Oh ! vous savez, il n'y a pas besoin de mettre tant que ça de plumes et d'encriers. Ce n'est pas un conseil d'administration officiel aujourd'hui, c'est pour ça que M. Bergeot m'a recommandé de ne pas aller dans la grande salle. Il y aura juste présents : MM. Destrémieux, le président du conseil d'administration...

LE GARÇON. — Celui qui a cent ans.

L'INFIRMIÈRE. — Non, il n'a que quatre-vingt-cinq ans. C'est bien suffisant. Puis il y aura également M. Bergeot, le directeur du Palace ; M. Sallard, le directeur du casino, et M. Bonamy qui doit être arrivé ce matin...

LE GARÇON. — Dites donc, mademoiselle Berchet, c'est effrayant ce que les clients fichent le camp ! Ce monsieur anglais hier, M. Dayton ! Il était furieux parce que le docteur lui a dit qu'il ferait mieux de continuer à faire du sport en Egypte. D'après ce que j'ai compris, c'est un monsieur qui aime bien faire du sport, mais seulement quand le docteur ne lui ordonne pas. Et ce matin, il y a eu encore un départ. La dame du Brésil...

L'INFIRMIÈRE. — C'est plus grave, ça ! Parce que la clientèle d'Américaines, c'est surtout ce qui donne ici. Plus nous en avons, plus ça en fait venir de là-bas.

LE GARÇON. — Faut pas être sorcier pour deviner pourquoi que le conseil se réunit ce matin.

L'INFIRMIÈRE, *insistant.* — Mais ils ne veulent pas que ça soit une réunion officielle. Ces messieurs se rencontrent ici pour causer. C'est ce qu'on appelle en politique un conseil de cabinet.

LE GARÇON. — Comme il y en avait au début de la guerre. C'est plus grave qu'une réunion ordinaire, parce que ça veut dire que ça chauffe.

L'INFIRMIÈRE. — Oh ! je ne sais pas ce qui va sortir de tout ça.

Bergeot et Sallard entrent.

SALLARD. — Elle est partie définitivement ?

BERGEOT. — Bien sûr, elle est partie avec dix-sept malles, mon cher. Elle était arrivée il y a sept jours et je pensais qu'elle resterait deux mois.

SALLARD. — Et son frère qui était avec elle s'en va aussi, naturellement...

BERGEOT. — C'était un de vos clients pour le jeu ?

SALLARD. — Pas précisément, il ne jouait pas encore, mais il tourniquait déjà autour des tables. On voyait le moment où il allait être mordu.

BERGEOT. — Et, par contre, ce monsieur italien, qui m'a donné deux fois de mauvais chèques...

SALLARD. — A moi, il m'en a donné trois...

BERGEOT. — Hé bien ! celui-là ! Le docteur le trouve malade. C'est comme un fait exprès. Alors que nous ne serions pas fâchés d'en être débarrassés...

SALLARD. — Même en faisant une croix sur ce qu'il nous doit.

BERGEOT. — Il faut absolument aviser. (A l'Infirmière.) J'ai à conférer avec M. Sallard.

L'Infirmière fait signe qu'elle a compris, touche le bras du Garçon et ils sortent.

BERGEOT, *répétant.* — Il faut absolument aviser... et se séparer du docteur.

SALLARD. — Oui, mais comment ?

BERGEOT, *perplexe.* — Comment ! C'est pour cela que j'ai tenu à voir ce matin M. Destrémieux. C'est tout de même utile d'avoir ce monsieur-là dans notre conseil d'administration.

SALLARD. — Il est très vieux.

BERGEOT. — C'est entendu. Mais, comme connaissance du droit, de la procédure et comme ficelle, il est un peu là. Il a été avoué pendant trente-cinq ans. Je suis bien content qu'il ait pas mal d'actions sur la maison et que ses intérêts soient un peu liés aux nôtres. Vous allez l'entendre parler. Il ne sera pas en peine pour vous sortir des paroles épatantes, nobles, si vous voulez. Mais, au fond, il ne pense qu'à son fric, et il y tient.

SALLARD. — Il aime bien ses héritiers.

BERGEOT. — Non, il y tient pour lui. Il est persuadé qu'il vivra encore vingt ans. (Il s'approche de la fenêtre.) Tiens, le voilà qui descend de sa voiture.

SALLARD. — Ce qu'il est vieux !

BERGEOT. — Oui, mais le cerveau est toujours là.

SALLARD. — Puis, voici M. Bonamy qui arrive.

BERGEOT. — Celui-là, je le retiens. Il nous a fait un beau cadeau avec le mari de sa nièce !

SALLARD. — On ne devrait jamais accepter qu'on vienne placer des parents dans une affaire...

BERGEOT. — Mon bon, qu'est-ce que vous voulez

faire ? Son parent avait de bons certificats. Tous les grands docteurs de Paris parlaient en sa faveur. Il n'y avait qu'à s'incliner.

Entrent M. et Mme Destrémieux. C'est une vieille dame bien vêtue, quoique simplement.

BERGEOT. — Bonjour, maître. Et comment allez-vous, ce matin ? Bonjour, madame !

DESTRÉMIEUX. — J'ai amené Mme Destrémieux, mais elle ne restera pas ici.

BERGEOT. — Mais pourquoi, maître ? Madame peut très bien rester...

DESTRÉMIEUX. — C'est vrai que ce n'est pas une réunion officielle du conseil. (*S'adressant à Sallard.*) Bonjour, monsieur.

SALLARD. — Bonjour, maître. On ne vous voit pas souvent au casino.

DESTRÉMIEUX. — Oh! non, moi, je ne suis pas pour les jeux de cartes. Je n'ai jamais joué aux cartes de ma vie, même au whist. Oh ! je vous dirai même que j'ai toujours eu horreur des joueurs et je ne comprends pas du tout, du tout leur état d'esprit. Non seulement je ne l'approuve pas, mais je le condamne... (*Intéressé.*) Est-ce que vous êtes satisfait du produit des jeux ?

SALLARD. — Oh! oui, monsieur, jusqu'à présent c'était même très supérieur aux prévisions. Seulement, je me demande si ça va continuer...

BERGEOT. — Etant donné ce qui fait l'objet de notre réunion...

DESTRÉMIEUX. — Eh bien, si nous en causions tout de suite ?

BERGEOT. — Il y a M. Bonamy qui est arrivé presque en même temps et qui va monter.

DESTRÉMIEUX. — Monsieur ?...

BERGEOT. — Bonamy.

DESTRÉMIEUX. — Ah! M. Bonamy.

BERGEOT. — C'est l'oncle du Dr Groux.

DESTRÉMIEUX, *d'un ton entendu.* — Oui, oui.

SALLARD, *en leur faisant le geste de se taire.* — Le voilà.

La porte s'ouvre et entre Bonamy

BONAMY. — Bonjour, messieurs. Bonjour, madame.

DESTRÉMIEUX. — Bonjour, monsieur.

BERGEOT, *lui tendant la main.* — Bonjour !

SALLARD, *plus froid que les autres.* — Bonjour !

DESTRÉMIEUX. — Eh bien, si nous prenions place... (*Il s'assoit au fauteuil et les autres s'assoient également. M. Destrémieux prend place à un fauteuil. M. Bonamy s'assoit à sa droite. M. Bergeot à sa gauche. Sallard reste au bout de la table à côté de Bergeot. Mme Destrémieux est assise à côté de son mari et un peu en arrière. Destrémieux, parlant très lentement.*) Je n'ai pas besoin d'exposer les faits. Nous sommes ici, n'est-ce pas ? pour envisager les moyens éventuels de nous séparer du Dr Groux. Il s'agit avant tout d'examiner quelle est, légalement, notre situation vis-à-vis de lui. J'ai déjà jeté un coup d'œil sur son contrat et je vois qu'il ne comporte pas de dédit. (*Il hoche la tête.*) C'est très ennuyeux. Laissez-moi vous dire que c'est tout à fait regrettable.

BONAMY. — Je n'ai pas fait insérer de clause de dédit...

DESTRÉMIEUX, *lui faisant un signe de la main pour qu'il ne l'interrompe pas.* — Oui, je sais, monsieur... (*Il consulte sa feuille.*) Monsieur Bonamy. Vous n'avez pas voulu, au moment de la signature de ce contrat, y faire insérer un chiffre de dédit qui aurait pu paraître important, mais qui eût été sûrement moins élevé que la somme qui peut lui être allouée par **les tribunaux** s'il nous cite en justice.

SALLARD. — Comment ça ?

DESTRÉMIEUX. — Je vais vous l'expliquer, monsieur...

Il regarde sa feuille.

SALLARD. — Sallard...

DESTRÉMIEUX. — Monsieur Sallard... avec un dédit, nous n'avions qu'à verser des fonds et on se séparait de lui presque automatiquement. Si nous jugeons utile de le remercier et qu'il porte l'affaire devant le tribunal civil, il n'est pas besoin d'être sorcier pour prévoir les arguments qu'il mettra en avant. Il nous accusera, c'est évident, de ne pas l'avoir laissé libre d'agir selon sa conscience professionnelle. « Que me reproche-t-on ? dira-t-il au tribunal, d'avoir dit aux malades ce que, médicalement, je croyais être la vérité ? » A l'appui de ses dires, il ne manquera pas de faire venir à la barre ses professeurs, qui apporteront au tribunal en faveur du Dr Groux les mêmes attestations élogieuses qu'ils nous ont fournies et qui nous ont décidés à choisir comme successeur du Dr Balma le neveu de monsieur... (*Il consulte sa feuille.*) de M. Bonamy...

BONAMY. — Je vous demande pardon de vous interrompre, mais ce n'est pas du tout parce que le Dr Groux est mon neveu que je l'ai présenté à la Société...

DESTRÉMIEUX, *l'interrompant.* — Oui, monsieur...

BONAMY. — Bonamy.

DESTRÉMIEUX. — Oui, monsieur Bonamy. C'est entendu. Vous l'avez présenté à la Société parce qu'il était de vos proches et que vous connaissiez la bonne opinion que ses maîtres avaient de lui. Mais je vous en prie, laissez-moi aller jusqu'au bout de mon exposé... Si le Dr Groux apporte, devant le tribunal, les arguments dont je vous ai parlé, nous ferons figure d'exploiteurs...

BERGEOT, *indigné.* — D'exploiteurs !...

DESTRÉMIEUX. — Ce n'est pas moi qui parle, c'est l'avocat du Dr Groux. Notre avocat sera là pour lui répondre. Il dira évidemment qu'à notre établissement thérapeutique payant nous avons adjoint une clinique gratuite où les malades riches paient pour les malades pauvres. C'est un point de vue très défendable. Mais la question peut être envisagée sous un angle différent. L'avocat du Dr Groux apportera à la barre des allégations évidemment inexactes, mais spécieuses, et qui pourront impressionner le tribunal. Il prétendra que l'institution de notre clinique gratuite n'est, en quelque sorte, qu'un paravent humanitaire destiné à masquer une entreprise de pure spéculation. C'est tout à fait faux et c'est même un peu monstrueux. Mais, du moment qu'on se préoccupe ainsi de l'éventualité d'un procès en justice, il faut bien se faire l'avocat du diable. Je crois, notez bien, que nous allons tout de même nous décider à nous séparer du Dr Groux, mais, avant de prendre cette résolution, il faut voir tous les dangers qu'elle présente.

BERGEOT. — Maître, tout ce que vous nous avez dit est très frappant. Il est évident qu'un procès est assez dangereux. Il est moins dangereux toutefois que la présence du docteur à la tête de l'établissement.

DESTRÉMIEUX. — C'est peut-être juste.

SALLARD. — Moi, je suis un petit peu effrayé du procès. Est-ce que monsieur l'avoué ne pourrait pas, lui qui est si savant et si...

BERGEOT. — Si persuasif...

SALLARD, *le remerciant de la main.* — Oui, c'est à

peu près ce que je voulais dire. Est-ce que monsieur l'avoué ne pourrait pas toucher quelques mots
au docteur et voir si on ne peut pas l'amener à com-
position...

BONAMY. — Oui, ce serait peut-être à essayer.

BERGEOT, d'un air de doute. — Oui, il faut tenter ça,
mais, vous savez, je crois que M. Destrémieux aura
de la peine, parce que, d'après ce qu'il nous répon-
dait l'autre jour, le Dr Groux ne sera pas facile à
manœuvrer.

SALLARD. — Ce n'est pas la même chose. Avec
nous deux, il s'est montré résistant. Mais avec
M. Destrémieux...

M. DESTRÉMIEUX. — Je veux bien tenter cela. Du
moment que vous êtes de cet avis, je n'ai pas le
droit de me récuser.

BERGEOT. — Le docteur n'est pas encore à son
cabinet de consultation, mais voulez-vous que je voie
s'il est dans son appartement ? (Ce disant, Bergeot se
dirige vers la porte de gauche qui donne sur l'appartement des
Groux. Il frappe. On dit : Entrez ! Il entr'ouvre la porte.)
Ah ! c'est madame Groux ! Le docteur n'est pas
là ? Ces messieurs du conseil auraient à lui parler.

HÉLÈNE, entrant. — Bonjour, messieurs. Le docteur
est là ; seulement il achève son courrier avant de
continuer sa consultation.

BONAMY. — Hélène, c'est M. Destrémieux qui voudrait lui parler.

HÉLÈNE. — Eh bien, monsieur, je vais le prévenir.
Je crois, d'ailleurs, que je l'entends.

BONAMY. — Nous allons vous laisser, ton mari
et toi, avec M. Destrémieux.

Il rejoint Bergeot qui est allé prendre des papiers à
droite.

SALLARD, à demi-voix, à Bergeot. — Ça peut donner
de bons résultats parce que vous savez, ce vieux-là,
il est tenace. Il est drôle tout de même, hein ! avec
ses grands airs désintéressés. De nous tous c'est le
plus attaché à ses pièces...

BERGEOT. — Eh bien, on va laisser ces messieurs
causer ensemble! Sallard et moi, nous allons faire
un tour dans le jardin.

BONAMY. — Je vous accompagne.

BERGEOT, un peu froidement. — Bien ! bien !

Ils sortent.

Mme DESTRÉMIEUX, à son mari. — Désiré, j'ai une
petite course à faire dans le pays, je vais prendre
la voiture et je reviendrai vous chercher.

DESTRÉMIEUX. — Oui, chère amie.

Elle sort. Entre Georges. Il s'assoit en face de Destrémieux.

GEORGES. — Vous aviez à me parler, monsieur ?

Hélène est à côté de son mari et suit anxieusement
l'entretien.

DESTRÉMIEUX. — Oui, docteur, vous vous doutez
peut-être de ce que j'ai à vous dire.

GEORGES. — Parfaitement. Vous tenez à m'expri-
mer, maître, le mécontentement du conseil d'administration.

DESTRÉMIEUX. — Le mécontentement...

GEORGES. — Pourquoi ne pas dire les choses
telles qu'elles sont ? Le mécontentement. Vous me
reprochez d'avoir dit à des malades de l'établissement qu'ils étaient des malades imaginaires...

DESTRÉMIEUX. — Non, docteur. Ne partons pas de
reproches. Ce n'est pas des reproches que je me
permettrais de vous apporter ici... Je voudrais avoir
de vous quelques explications... C'est au médecin, au
savant que je m'adresse et je voudrais lui demander

s'il ne pense pas que dans certains cas la maladie
imaginaire ne constitue pas une affection pathologique qui relève de vos soins ?

GEORGES. — C'est possible, mais je préfère
laisser soigner ces gens-là par d'autres confrères. La
maison de santé n'a pas été fondée pour eux. Les
malades imaginaires nous prennent notre temps
que nous avons le devoir de consacrer à d'autres
maladies pour la thérapeutique desquelles nous
sommes spécialement désignés.

DESTRÉMIEUX. — C'est un homme très chargé d'an-
nées qui vous parle, docteur. Et je m'autorise de
mon grand âge pour me permettre quelques observations. Chez un savant comme vous, jeune et ardent,
instruit plutôt par les leçons de ses maîtres que par
la pratique de la vie, ne peut-on constater quelquefois un peu d'intransigeance ?

GEORGES, un peu sèchement. — D'intransigeance ?...

DESTRÉMIEUX. — Une intransigeance tout à fait
louable. Je ne dis pas que ce soit chez vous précisément qu'on la constate, mais il m'est arrivé de
rencontrer des docteurs jeunes et éminents et chez
qui se décelait un certain orgueil, fort légitime
d'ailleurs. Ne prenez pas ce que je vous dis en mauvaise part...

GEORGES, après un silence. — Non, monsieur, je
ne songe pas du tout à m'offenser de vos paroles
et de cette accusation d'orgueil. J'ai beaucoup de
docilité dans l'esprit et même d'humilité. Et je me
suis habitué à ne pas me révolter brusquement
contre des accusations.

DESTRÉMIEUX, protestant. — Des accusations !

GEORGES. — Des imputations, si vous voulez,
des constatations qui pourraient me sembler
inexactes au premier abord. Je fais effort dans ces
cas-là pour m'examiner très impartialement, pour
m'interroger, pour voir si mon interlocuteur, qui me
paraît avoir tort, peut avoir tout de même raison.
(Après un silence.) Eh bien ! non, il me semble bien
que ce que vous appelez mon intransigeance ne m'est
pas dictée par de l'orgueil personnel, mais par le
souci de la vérité.

DESTRÉMIEUX. — Je vous assure, docteur, que je
comprends parfaitement l'idée élevée que vous vous
faites de votre devoir...

GEORGES. — Non, maître, il est inutile d'appeler cette idée une idée élevée, c'est simplement une
idée nette et claire.

DESTRÉMIEUX. — C'est une idée élevée, j'insiste sur
ce mot. Car elle reste très au-dessus de la conception de la plupart des gens moyens. Je comprends
très bien, je le répète, l'idée que vous vous faites
de votre devoir et je pourrais ajouter que par tem-
pérament et aussi par mon éducation morale je suis
fait pour vous comprendre. Mais permettez-moi de
vous dire que la vie m'a appris bien des choses. Et,
par exemple, qu'il y a des devoirs qui s'opposent.
Ainsi, en vous parlant, j'obéis, moi aussi, à un
devoir. Je viens ici pour défendre les intérêts matériels, c'est entendu, d'un certain nombre de personnes
qui ont travaillé toute leur vie, qui ont hasardé le
fruit de leur travail dans l'entreprise de ce sanatorium qui n'est pas, vous le reconnaîtrez, une
entreprise ordinaire et qui se relève par son côté
humanitaire.

GEORGES. — Oui, maître, je vous entends.
Quand j'ai été appelé ici et qu'on m'a confié non pas
la gestion d'une affaire, mais la direction médicale
d'un sanatorium, je me suis trouvé en rapport avec

ces messieurs du conseil d'administration. Je veux bien admettre que ce soit des raisons humanitaires qui aient déterminé ces messieurs, dont vous représentez les intérêts, à apporter à cette affaire thérapeutique un concours financier. Je veux bien croire qu'ils ont obéi à de nobles idées. Dans ce cas, il faut qu'ils soient conséquents avec eux-mêmes et qu'ils acceptent d'encourir, au nom de cet idéal, tous les risques que comporte une œuvre humanitaire, y compris la présence gênante d'un docteur (Il s'anime un peu.) qui s'obstine à soigner des malades selon sa conscience professionnelle et qui n'est dirigé dans ses diagnostics que par le souci de la vérité.

DESTRÉMIEUX. — Il est impossible de faire à ce que vous dites une objection valable, si vous me forcez à adopter votre point de vue. Je vous envie d'avoir de la vie une conception si théorique et si belle.

GEORGES. — C'est entendu maître, je vous demande pardon. Mais précisons. Ne parlons pas de conception, de belle conception de la vie. Ce n'est pas la beauté de mon âme que j'étale devant vous. Je ne suis pas professeur de morale ni candidat à la députation. Seulement, j'ai adopté une profession qui me plaît. J'ai trouvé dans ma femme une associée morale qui a compris que cette profession était la raison de ma vie. Je ne veux pas changer de métier. J'aurais peut-être beaucoup d'avantages matériels à devenir ce qu'on voudrait faire de moi, je le dis brutalement : un charlatan.

DESTRÉMIEUX. — Oh ! un charlatan, un charlatan...

GEORGES. — Un charlatan. (Il s'arrête un instant et, d'une voix tremblante.) Excusez-moi de vous parler ainsi. Excusez-moi aussi de vous quitter, car je crois qu'on m'attend dans mon cabinet. (Il s'incline.) Ma petite Hélène, à tout à l'heure !

Il sort.

DESTRÉMIEUX, après un silence, à Hélène. — Madame, j'ai fait ce que j'ai pu. Je regretterai beaucoup, madame, que, votre mari et vous, vous quittiez la maison de santé.

HÉLÈNE. — Moi, je le regretterai beaucoup aussi, monsieur, mais que voulez-vous ? du moment qu'il est comme ça, moi je lui donne toujours raison.

DESTRÉMIEUX. — Et vous faites bien, madame, il faut toujours donner raison à son mari.

HÉLÈNE. — J'ai mené une vie assez dure avec lui, eh bien ! nous en serons quittes pour recommencer.

DESTRÉMIEUX. — C'est très bien d'avoir du courage !

HÉLÈNE. — Non, monsieur, je n'ai pas beaucoup de courage, ou plutôt je sens que j'en ai moins maintenant que jadis. Mais j'aime beaucoup Georges et je suis toujours de son avis. Si nous recommençons une vie difficile, ce n'est pas pour moi que ça me fait de la peine, c'est pour lui, parce que, naturellement, il faut qu'il soit tranquille pour travailler et, s'il est obligé de gagner notre subsistance avec trop de peine, c'est lui qui s'en ressentira.

DESTRÉMIEUX. — Enfin, j'ai fait ce que j'ai pu. Mais il y a des arguments qui n'agiront jamais sur lui. Nous n'avons pas ici que des malades imaginaires, nous avons des malades assez gravement atteints. Pour le bien de ceux-là, il serait intéressant que notre entreprise subsistât. Peut-être aurait-il mieux valu ne pas contrarier toute une série de clients qui ont au moins l'avantage de faire vivre l'établissement. Voilà des choses que je n'ai pas pu dire à votre mari parce que je sens très bien qu'il ne les aurait pas acceptées. Vous ne voyez pas la possibilité de lui en parler doucement...

HÉLÈNE. — Ecoutez, monsieur, je ne saurais pas et je n'ai pas l'impression qu'il m'écouterait. Ça lui serait certainement désagréable de penser qu'il n'est pas tout à fait d'accord avec moi. Je ne veux pas lui donner cette impression.

DESTRÉMIEUX. — Eh bien, nous allons rappeler ces messieurs.

HÉLÈNE. — Je vais les appeler. (Elle va jusqu'à la fenêtre qu'elle ouvre.) Ils regardent précisément de ce côté... (Elle fait un signe du bras, referme la fenêtre et puis va jusqu'à la porte qu'elle ouvre. A M. Destrémieux.) Et voici Mme Destrémieux.

Entre Mme Destrémieux.

DESTRÉMIEUX. — Ah ! vous voilà, Geneviève. Vous avez été faire votre course ?

Mme DESTRÉMIEUX, mystérieusement. — Oui, Désiré.

DESTRÉMIEUX. — Oh ! vous faites des mystères avec moi. Je finirai par avoir des soupçons.

Entre Bergeot qui fait passer Bonamy devant lui, puis Sallard.

BERGEOT. — Eh bien, maître ?

DESTRÉMIEUX. — Eh bien, mes amis, ça ne va pas. Mme Groux ne m'en voudra pas si je dis que son mari est un peu entêté.

BONAMY, allant à Hélène. — Voyons, mon petit, tu n'as pas trouvé moyen de lui faire comprendre...

HÉLÈNE. — Mon oncle, je te répète ce que j'ai dit à monsieur... à aucun prix, je ne veux contrarier Georges.

BONAMY. — Mais tu devrais tout de même penser un petit peu à moi. Je me suis mis pour vous faire plaisir dans une situation délicate vis-à-vis de ces messieurs... Je suis responsable (Vivement) pas pécuniairement, bien entendu, mais moralement...

HÉLÈNE. — Mais, mon oncle, que voulez-vous que j'y fasse ? Georges, s'il était là, vous dirait qu'il a été envoyé ici pour faire son métier de médecin. Il ne le comprend pas comme vous. Jamais il ne le comprendra comme vous. Ce n'est pas moi qui changerai sa façon de voir.

DESTRÉMIEUX, avec autorité. — Personne ne changera ses idées. Alors ne perdons pas de temps à rien espérer de son côté.

BERGEOT. — Mais alors, maître, quel espoir avons-nous ! La station est perdue...

SALLARD, s'emportant, à Hélène. — C'est tout de même malheureux, madame.

DESTRÉMIEUX, avec autorité. — Laissez madame tranquille. Ce n'est pas gai non plus pour elle. Elle souffre comme nous de la situation.

HÉLÈNE, avec dignité. — Je ne me plains pas, monsieur !

SALLARD, brutalement. — Hé bien, moi, je me plains. C'est la ruine pour nous tous.

BERGEOT. — C'est la ruine... Et c'est terrible de penser qu'il y a encore une famille de Sud-Américains milliardaires qui nous sont arrivés ce matin !

DESTRÉMIEUX. — Des Sud-Américains milliardaires !

BERGEOT. — Quatre milliardaires ! Ce sont les gens qui sont en ce moment dans son cabinet. Le père, la mère et les deux enfants... (Il lève les bras au ciel.) Il va encore renvoyer ces gens-là !

BONAMY. — Vous ne l'avez pas prévenu ?

BERGEOT. — Mais vous êtes fou, monsieur Bonamy !

Est-ce que vous me prenez pour un enfant ? Je connais son état d'esprit. Si je lui avais parlé d'eux en lui disant qui c'était, ça aurait suffi pour qu'il les renvoie comme il a fait des autres !

SALLARD. — Mais ces gens-là sont peut-être malades ?

BERGEOT. — Oh ! je n'en sais rien ! Ils n'ont pas trop mauvaise mine. Il est vrai que, depuis ces histoires-là, je suis halluciné, j'ai des phobies, comme disait le Dr Balma. Je vois des gens bien portants partout ! S'il renvoie ceux-là, c'est le dernier coup porté à la maison. Ce n'est pas seulement que ce sont des clients exceptionnels, c'est parce que cette famille-là nous en aurait amenés beaucoup d'autres. Je me suis renseigné, il paraît qu'il règne dans ce pays-là une maladie locale — misère de ma vie : c'est peut-être encore une maladie imaginaire ! — une maladie qui attaque les bronches, le foie, le cœur. Je ne sais pas si c'est des insectes ou des microbes qui font ça. Ou peut-être encore une idée qu'ils se fabriquent. Ah ! vous allez voir ! En un clin d'œil le docteur (Avec rage), avec sa puissance persuasive... les aura rassurés sur leur cas. Ah ! nous sommes bien fichus ! vous savez !...

Mme DESTRÉMIEUX. — Ne dites pas ça, monsieur Bergeot. (A Hélène, à demi-voix.) Vous n'êtes pas religieuse, vous ?...

HÉLÈNE. — C'est-à-dire...

Mme DESTRÉMIEUX, de même. — Vous n'êtes pas religieuse. Moi, je suis allée prier une heure à l'église, pour le salut de la maison de santé.

BERGEOT. — C'est terrible, ces minutes d'attente... Mlle Berchet est avec lui.

M. DESTRÉMIEUX. — Mademoiselle...

BERGEOT. — Mlle Berchet, l'infirmière. Elle ne contredit pas le docteur. Mais elle comprend les intérêts de la maison. Elle m'a promis qu'elle viendrait nous dire tout de suite ce que le docteur a pensé de ces nouveaux clients...

SALLARD. — C'est long, cette consultation.

BONAMY. — Oui, c'est long.

DESTRÉMIEUX. — Ce n'est peut-être pas mauvais signe que cela soit aussi long. Le docteur a eu besoin d'un examen minutieux.

BERGEOT. — Oh ! ça ne veut rien dire.

Il regarde sa montre.

BONAMY. — Ce sont des minutes terribles.

BERGEOT. — Oh ! moi ! je n'espère rien.

SALLARD. — Moi non plus.

Mme DESTRÉMIEUX, avec ferveur. — Il faut toujours espérer.

SALLARD, qui est près de la porte par où entrera l'Infirmière. — Il me semble que j'entends des pas.

BERGEOT, désespéré. — Mais non, mais non.

SALLARD. — Mais si. Je crois qu'elle vient.

BERGEOT. — Oh ! je ne suis pas pressé qu'elle vienne. Pour ce qu'elle va nous annoncer ! Allez ! la maison est perdue.

SALLARD. — La voici !

BERGEOT, sans la regarder. — La maison est perdue !

L'INFIRMIÈRE. — La maison est sauvée ! ... (Tous s'approchent d'elle. Affirmation, d'une voix nette, mais volontairement assourdie.) Ce sont de vrais malades. (Les autres la regardent, restent haletants. Malgré eux leur figure s'éclaire. Elle continue.) Ils sont atteints en effet d'une maladie des tropiques qui s'attaque à différents viscères : les bronches, le foie, la rate.

BERGEOT, répétant avec force hochements de tête. — Les bronches, le foie, la rate...

L'INFIRMIÈRE. — La température est basse et le pouls est très rapide. Cette discordance est un très mauvais signe...

BERGEOT, interrogatif. — Très mauvais signe ?...

L'INFIRMIÈRE. — Le docteur ne leur a pas dissimulé la gravité de leur état.

BERGEOT. — Mais oui, il vaut mieux prévenir les gens pour qu'ils se soignent sérieusement.

L'INFIRMIÈRE. — C'est une maladie très grave. (Bergeot l'écoute avec anxiété.) Elle est très longue à guérir.

BERGEOT, intéressé. — Ah ! ah ! ah !

SALLARD, intéressé. — Ah ! ah ! ah !

L'INFIRMIÈRE. — Mais il paraît que leur vie n'est pas en danger.

BERGEOT. — Oh ! tant mieux.

SALLARD, avec élan. — On les soignera bien.

BERGEOT. — Il leur faudra probablement des régimes spéciaux, une cuisine appropriée...

SALLARD. — Et probablement aussi un peu de distraction...

BERGEOT. — Et le bruit de leur guérison se répandra dans leur pays. Tous les Chiliens malades viendront se faire soigner à Saint-Hubert.

BONAMY, il se retourne vers Hélène et répète cette phrase. — Tous les Chiliens malades viendront se faire soigner à Saint-Hubert.

BERGEOT. — Du moins ceux qui en auront les moyens...

DESTRÉMIEUX. — Et il est probable que cette maladie ne se localise pas au Chili. Nous aurons aussi les Brésiliens...

SALLARD. — Les Argentins...

BERGEOT. — Les Uruguayens, les Equatoriens...

SALLARD. — Nous guérirons toutes les hautes sociétés d'Amérique...

DESTRÉMIEUX, très animé. — C'est un magnifique présent que l'ancien monde fera au nouveau. (A Hélène.) Eh bien, madame, notre grand ami va avoir de belles cures à opérer.

HÉLÈNE. — Oh ! monsieur, il ne demande que cela.

L'INFIRMIÈRE. — Voilà le docteur.

GEORGES, à l'Infirmière. — Il faudra commander à Paris deux cents ampoules de sérum F. H. H.

L'INFIRMIÈRE. — Je vais téléphoner à la poste pour que l'on puisse envoyer la dépêche dès ce soir.

DESTRÉMIEUX. — Il faudra que vous me disiez exactement ce que c'est que cette maladie des tropiques. Bien que je sois un profane, je vous dirai que ces questions m'intéressent beaucoup.

GEORGES, frémissant. — Elles sont de l'intérêt le plus haut.

HÉLÈNE. — Tu vas avoir là un beau champ d'expérience.

GEORGES, enthousiaste. — Tel que je n'en ai jamais rencontré.

SALLARD, à Bergeot, devant Mme Destrémieux. — Tout de même, c'est un coup de veine. Nous étions perdus. Et il arrive quatre grands malades...

Mme DESTRÉMIEUX. — Dieu de bonté, tu as entendu ma prière !

FIN

L'*École des charlatans* au théâtre de l'Odéon.

Depuis Molière, les médecins sont un inépuisable sujet d'observation comique. On les trouvait d'ailleurs déjà, plaisamment caricaturés, dans les fabliaux du moyen âge, et aujourd'hui encore ils offrent à la verve des satiristes une matière suffisamment abondante pour qu'il ne semble pas y avoir de redites dans les traits dont on les crible et dont ils sont, généralement, les premiers à se divertir. Le succès de *Knock ou le triomphe de la médecine*, de M. Jules Romains, a prouvé que le thème était toujours actuel. Celui de *l'École des charlatans*, au théâtre de l'Odéon, en apporte un nouveau témoignage.

Aussi bien la signature de M. Tristan Bernard nous assure-t-elle de trouver ici une comédie malicieuse et narquoise comme toutes celles qui ont fait la célébrité de notre meilleur humoriste. Mais, cette fois, M. Tristan Bernard n'a pas signé seul : il a eu comme collaborateur un jeune homme de lettres d'origine vaudoise, M. Centurier, et on a fait observer justement à ce propos que, la Suisse étant, comme on le sait, la terre d'élection des cliniques et des maisons de santé, la collaboration d'un auteur suisse, familier avec l'ambiance, n'a pu que s'allier heureusement à l'expérience humaine, souriante et théâtrale de M. Tristan Bernard.

Cette remarque a été faite, en particulier, par M. Etienne Rey, qui ajoute :

« Sur la foi de ce titre, *l'École des charlatans*, nous avions imaginé un de ces médecins bluffeurs, à la mode, qui ne songent qu'à exploiter leurs malades. Le type est courant. Mais c'est tout le contraire qu'ont fait les auteurs. Ils ont voulu montrer un docteur qui est la victime de ses clients et qui serait poussé par eux, et malgré lui, à leur reconnaître toutes sortes de maladies. Le cas est aussi vrai, et il est plus original, plus amusant, il prête davantage, peut-être, à une fantaisie paradoxale. MM. Tristan Bernard et Centurier ont pris une position opposée à celle de l'auteur de *Knock*. »

Le critique de *Comœdia* conte alors le sujet de la pièce, puis il conclut :

« On entrevoit toutes les observations savoureuses, pénétrantes, dont M. Tristan Bernard a pu émailler un pareil sujet. Si j'avais un reproche à faire à la pièce, c'est que les auteurs se sont contentés un peu trop facilement : il y a bien un peu de nonchalance dans la façon dont ces quatre actes sont écrits, mais les synonymies de nonchalance sont aisance et naturel, et ce sont précisément ces qualités-là que nous aimons avant tout chez M. Tristan Bernard et qui font le charme d'un théâtre qui se dépouille volontairement, de plus en plus, des artifices du théâtre. »

Dans *le Journal*, M. G. de Pawlowski se déclare lui aussi surpris par le titre, qui ne lui paraît pas justifié. Ce serait plutôt *l'École des malades imaginaires* que, selon lui, il faudrait dire. Si le fond de la pièce lui paraît un peu anodin, il estime néanmoins que les quelques caractères qu'on y trouve « relèvent de la grande comédie » et il les dégage ainsi :

« La vieille servante dévouée tout d'abord, au premier acte, qui, après avoir déclaré qu'elle a l'habitude de rester à sa place et de ne point se mêler des affaires des maîtres, donne son avis à tout propos ; mais c'est la figure surtout du vieil avoué, au dernier acte, qui nous paraît tracée de main de maître ; ce vieillard encore amoureux de sa vieille bonne amie, qui a gardé sa lucidité complète d'homme d'affaires, mais consulte un papier chaque fois qu'il veut se souvenir des noms des personnes qui l'entourent, a été pris dans la réalité, il mériterait d'être le personnage principal d'un petit chef-d'œuvre de Tristan Bernard. Notons, enfin, la figure fort joliment tracée de la jeune femme du docteur qui, pour rien au monde, ne démentirait les intransigeances d'un mari qu'elle aime, mais qui a été conquise tout aussitôt par le luxe de la clientèle du sanatorium et mourrait évidemment de chagrin si elle était obligée de retourner maintenant parmi les lotissements ; ce qu'elle ferait cependant par amour conjugal. »

Mme Gérard d'Houville, dans *le Figaro*, déclare :

« *L'École des charlatans* a beaucoup amusé l'auditoire. Les malades et les médecins ont toujours diverti le public, qu'il soit composé de gens bien ou mal portants ; le *Malade imaginaire* et de nos jours *Knock* n'ont pas cessé de faire des salles combles. On est si content de pouvoir rire des maladies, alors que, dans la vie vraie, trop souvent on ne peut qu'en pleurer. C'est comme une revanche prise contre les mauvais souvenirs, les terreurs futures ou les sournoises méchancetés présentes... Des scènes d'un comique irrésistible, des mots de la meilleure veine de M. Tristan Bernard assurent le succès de cette comédie, dont quelques autres scènes assez fortes approchent de la vraie satire. »

« Spectacle délicieux », dit de son côté, dans *le Petit Journal*, M. Pierre Veber, qui poursuit :

« *L'École des charlatans* est, parmi les comédies de Tristan Bernard, l'une de celles que je préfère ; elle se rattache d'ailleurs à une formule très moderne, assez voisine de la « pièce à tableaux ». Par moment, cette pièce légère et satirique confine à la pièce grave ; mais le ton reprend bien vite. »

Ce caractère grave dissimulé sous le sourire est aussi ce qui a frappé M. Paul Reboux, de *Paris-Soir* :

« Le cas de conscience qu'a traité Tristan Bernard est plus digne de méditation qu'on ne pourrait le croire.

» Quand un écrivain qui se prend au sérieux et qui compose des pièces à thèse développe un sujet comme celui-là, le public, flatté d'être traité en grande personne, hoche la tête et donne à croire, par son attitude, qu'il réfléchit. Les journalistes considèrent l'idée de l'œuvre nouvelle comme un sujet de chronique, d'enquête, d'interview. Elle alimente les conversations. Les maîtresses de maison, soucieuses de dégeler les convives au début d'un repas, s'empressent de les questionner sur cette idée qui est « dans l'air ». Montmartre s'en empare.

» Les revues de cabaret contiennent des scènes où la fameuse « idée » est ridiculisée. Des accusations de plagiat commencent à naître. Des adversaires violents se hâtent de discuter l'idée nouvelle, de la déclarer absurde, nuisible, criminelle. Ces deux derniers signes attestent que l'heure de la vraie gloire est venue.

» Mais quand un auteur gai traite ce même sujet, avec le souci de ne pas ennuyer, chacun sourit et passe. On se croit trop indulgent encore en ne témoignant à cet écrivain qu'une molle indulgence. »

» C'est pourtant, je le répète, un grand sujet que celui auquel Tristan Bernard, assisté de M. Albert Centurier, a consacré la finesse de son observation et cet art de la profondeur voilée qui n'appartient qu'à lui.

» Le problème se pose ainsi : un docteur qui s'aperçoit que son malade est bien portant alors qu'il se croit malade encore, doit-il continuer à soigner ce visionnaire ? Doit-il le renvoyer en refusant de lui consacrer des soins plus profitables à d'autres ? »

Dans l'*Information*, M. Antoine félicite les auteurs d'avoir « entrepris la médecine et les médecins avec une ironie souriante qui, peu à peu, s'est élargie jusqu'à l'âpreté dans les derniers épisodes de l'aventure ». Le dernier acte paraît le meilleur de la pièce et c'est lui, dit-il, qui « a décidé de son incontestable succès ».

Dans *le Matin*, M. Jean Prud'homme observe :

« Les médecins, pour qui le théâtre humoristique n'est pas très indulgent d'ordinaire, prennent leur revanche. Ce sont les malades que MM. Tristan Bernard et Albert Centurier soumettent aujourd'hui à l'épreuve de leur observation et de leur ironie. Les malades qui ont souvent, nul ne l'ignore, une forte tendance à exagérer leurs souffrances. Réunis, une curieuse émulation les gagne. Ceux qui les soignent doivent se garder de les approuver, sinon de les croire, sous peine de devenir de parfaits *charlatans*... Sous la forme d'un humour de qualité, c'est une étude qu'ont conçue les auteurs. Leur dialogue est plein d'attraits, avec ses reparties spirituelles, mordantes, irrésistibles. »

Selon M. Louis Laloy, de *l'Ère Nouvelle*, « dans cette comédie charmante M. Tristan Bernard et son collaborateur nous ont fait goûter l'esprit d'observation le plus juste et le plus fin qui, d'un trait, sans paraître y toucher, sans se fâcher surtout, d'une malice bienveillante, met à nu les pensées. »

M. André David, de *Gringoire*, dit :

« Je ne pense pas que les auteurs aient voulu, comme certains l'ont cru, faire une simple charge contre la médecine et les malades. Ils ont, au contraire, étudié des caractères, la plupart du temps exacts, en exagérant à peine leurs ridicules. Ainsi, l'*École des charlatans* n'est pas celle des médecins, mais plutôt celle des faux malades, et ce sont les premiers qui deviennent les victimes des seconds. En somme, c'est à rebours la thèse de M. Jules Romains. Bien entendu, les malades imaginaires feront rire. Mais dès l'instant qu'un homme se croit atteint dans sa santé, c'est qu'il est bien près de l'être et qu'il a besoin tout au moins du psychiatre. »

M. Edmond Sée, dans *l'Œuvre*, pense qu'il y a dans cet ouvrage des développements un peu incertains, mais « maintes scènes d'une joviale cocasserie (celle du conseil d'administration est excellente) et un défilé de malades qui ont mis la salle en joie ».

Dans *le Quotidien*, M. Victor Méric ne trouve pour cette « comédie satirique et d'observation » que des éloges :

« Les auteurs ont prodigué dans cette satire nonchalante et bon enfant un esprit endiablé. Les mots fusent, les traits abondent. Ça ne se raconte pas. Il faut l'entendre. »

Dans *la République*, M. R.-J. Ray juge :

« Cette comédie pourrait sembler, à notre époque, assez fluette, assez bonbon rose : les justes triomphent et avec eux le médecin qui, envers et contre tous, sait résister à toutes les tentations pour sauvegarder l'intégrité de sa conscience professionnelle. Mais sur cette trame on a brodé des scènes qui sont autant de chefs-d'œuvre : celle du premier acte (la vieille servante radoteuse et indiscrète), celle aussi du quatrième acte (cet étonnant président de conseil d'administration), enfin tout le rôle de la femme du docteur, incapable d'exercer une pression mauvaise sur son mari. Tristan Bernard, dont on reconnaît la patte dans toutes ces scènes, a donné encore une fois la mesure de son talent qui est grand. »

D'après M. Robert Kemp, de *la Liberté* :

« On a dû, dans les entr'actes, dire à M. Tristan Bernard que sa pièce était le reflet renversé de *Knock*. Parions qu'il a répondu : « Je le savais »

» Mais l'auteur de *Knock* jouait la belle partie : la partie neuve. Le médecin qui répand la terreur et persuade aux mieux portants qu'ils sont malades — quel sujet comique !.. Au contraire, l'honnête médecin qui prétend exercer son art avec sincérité et déclare aux malades imaginaires qu'ils vont fort bien ne prête guère à rire : je ne suis pas sûr qu'il puisse émouvoir... En tout cas, les auteurs, qui voulaient seulement nous amuser, se sont tournés du côté des malades... Quatre actes sur ce mince sujet, c'est beaucoup ! Mais ils sont courts. Et l'on reconnaît l'adresse, le sourire de M. Tristan Bernard dans quelques coins de dialogue d'une simplicité, d'une fausse innocence extraordinaires. »

M. Fortunat Strowski, dans *Paris-Midi*, estime que l'intérêt est sans cesse en progression :

« Le premier acte est un peu froid et sentimental. Les actes deux et trois, avec quelques silhouettes fort drôles où se reconnaît Tristan Bernard, éveillent le public. L'acte quatre achève le succès avec sa verve et sa vivacité étonnantes. C'est de la bonne et joyeuse comédie. »

Dans *le Temps*, M. Pierre Brisson songe, évidemment par antithèse, à l'âpreté d'Octave Mirbeau dans *les Vingt et un jours d'un neurasthénique*, puis, opposant les deux auteurs, il dit :

« M. Tristan Bernard est un faux réaliste lui aussi — un faux réaliste tout à fait dénué de fureur et incapable de massacrer un noir pour s'en faire des gants. Il est pleinement conscient, et c'est la qualité vraie de son talent. Il restitue des petits faits en les dénaturant à peine, et ce petit écart lui suffit pour insinuer les nuances les plus fines de son ironie. Son respect d'une vérité très simple, très unie, devient un divertissement qui lui appartient en propre. »

Dans *les Annales*, M. Gérard Bauer écrit :

« On retrouve dans l'*École des charlatans* l'observation minutieuse de M. Tristan Bernard pour les faiblesses humaines, les faux semblants, les menues hypocrisies, tout ce qui en ferait un auteur cruel si une générosité naturelle ne recouvrait ces découvertes de l'esprit... »

L'impression de M. Lucien Descaves, dans *l'Intransigeant*, n'est pas moins favorable :

« La comédie de MM. Tristan Bernard et Albert Centurier n'a pas moins plu. Elle renferme les éléments de succès que l'on trouve dans le fameux *Knock* de Jules Romains. L'esprit, l'observation, la manière enfin de Tristan Bernard donnent au dialogue une animation qui relève le sujet dénué de complication d'aucune sorte. »

***

La troupe de l'Odéon, que son actif directeur, M. Paul Abram, tient sans cesse en haleine, a interprété dans le style qui lui convenait cette comédie plaisante et qui nécessite d'ailleurs un grand nombre de personnages. M. Francœur est l'honnête médecin. Des compositions remarquées ont été faites par M. Baconnet, le président du conseil d'administration, MM. Harry-James, Pierre Morin, Fabry, Lavialle, Cailloux, Davy et le petit Buchstab. Mlle Ghyslaine, la femme du docteur, est gracieuse et charmante. Mmes Courtal, Moret, Eva Reynal, Blanche Dars, Bourgeon, Lucy Laugier, Gineva figurent agréablement ou pittoresquement la galerie féminine.

ROBERT DE BEAUPLAN.

En haut, Georges : « *C'est pour ce petit homme que vous venez consulter ?* » ACTE III, page 13.
Au milieu, l'Infirmière : « *La maison est sauvée ! Ce sont de vrais malades.* » ACTE IV, page 22.
En bas, Sallard : « *Nous guérirons toutes les hautes sociétés d'Amérique.* » — ACTE IV, page 22.

Photographies Henri Manuel.

Le Directeur : RENÉ BASCHET. — Imp. de *L'Illustration*, 13, rue Saint-Georges, Paris-9ᵉ (France). — L'Imprimeur-Gérant : TH. HUCK.

L'ART CHEZ SOI (1ᵉʳ article, 6ᵉ série).   ATELIERS GOUFFÉ

L'ATMOSPHÈRE agréable de ce boudoir, très remarqué à la dernière exposition de la Décoration Française Contemporaine au Pavillon de Marsan, charme d'abord par la douceur de sa tonalité allant du blanc au rose tango.

Le divan d'une courbe agréable, les fauteuils, la coiffeuse et le chiffonnier sont en sycomore verni du plus chatoyant et du plus heureux effet.

La couleur des bois est en parfaite harmonie avec le granité rose tango qui recouvre les sièges et les coussins de satin blanc placés sur le divan.

La lumière est tamisée par un grand store de voile de soie blanc terminé par un volant de même tissu donnant à l'ensemble une élégante sobriété. La tonalité des murs est blanc crème.